MAÎTRISER LE MODE DE VIE STOÏCIEN

AMÉLIOREZ VOTRE RÉSISTANCE MENTALE, VOTRE AUTODISCIPLINE ET VOTRE PRODUCTIVITÉ GRÂCE À LA SAGESSE STOÏCIENNE ANCIENNE.

ANDREAS ATHANAS

Copyright 2019 - Tous droits réservés.

Le contenu de ce livre ne peut être reproduit, dupliqué ou transmis sans l'autorisation écrite directe de l'auteur ou de l'éditeur.

En aucun cas, l'éditeur, ou l'auteur, ne pourra être tenu pour responsable de tout dommage, réparation ou perte monétaire dus aux informations contenues dans ce livre. Que ce soit directement ou indirectement.

Avis juridique :

Ce livre est protégé par le droit d'auteur. Ce livre est uniquement destiné à un usage personnel. Vous ne pouvez pas modifier, distribuer, vendre, utiliser, citer ou paraphraser une partie ou le contenu de ce livre sans le consentement de l'auteur ou de l'éditeur.

Avis de non-responsabilité :

Veuillez noter que les informations contenues dans ce document sont uniquement destinées à des fins éducatives et de divertissement. Tous les efforts ont été déployés pour présenter des informations précises, actualisées, fiables et complètes. Aucune garantie d'aucune sorte n'est déclarée ou implicite. Le lecteur reconnaît que l'auteur ne s'engage pas à donner des conseils juridiques, financiers, médicaux ou professionnels. Le contenu de ce livre provient de diverses sources. Veuillez consulter un professionnel agréé avant d'essayer les techniques décrites dans ce livre.

En lisant ce document, le lecteur accepte qu'en aucun cas l'auteur ne soit responsable des pertes, directes ou indirectes, encourues suite à l'utilisation des informations contenues dans ce document, y compris, mais sans s'y limiter, - les erreurs, omissions ou inexactitudes.

Créé avec Vellum

❦ Réalisé avec Vellum

INTRODUCTION

L'ère moderne est à la fois une époque de commodité et de désespoir, de progrès technologiques innovants et de besoins croissants des classes laissées pour compte, exclues du courant dominant ou reléguées à une perspective marginale des affaires du monde. La guerre est généralisée et le terrorisme est devenu une composante majeure du discours politique, à une époque marquée par la privation des droits de vote de vastes pans de la population humaine. Les bouleversements politiques et l'incertitude économique sont monnaie courante et, partout dans le monde, malgré l'avènement des technologies de communication, il n'a jamais été aussi facile de fermer les yeux sur la souffrance des moins fortunés.

Non seulement le monde est troublé à un niveau macrocosmique, mais ces luttes se sont manifestées à un niveau individuel, créant des problèmes auxquels nous sommes confrontés chaque jour et qui peuvent devenir presque intolérables. De l'éducation des enfants aux trajets domicile-travail en passant par les dangers de la pauvreté dans une économie de plus en plus instable, le monde moderne présente d'innombrables facteurs de stress qui s'ajoutent à un monde sombre et morne pour ceux qui cherchent à contrôler leur propre vie.

Ces problèmes sont pourtant aussi vieux que l'humanité. Depuis l'aube de la raison humaine, nous n'avons cessé de lutter - classe contre classe, race contre race, nation contre nation - de manière si répétitive que les épreuves d'aujourd'hui semblent n'être que l'écho d'une histoire séculaire.

Entrez dans la philosophie grecque.

Depuis l'époque de Socrate, la philosophie a cherché à améliorer l'homme et à éclairer la raison humaine dans des environnements qui empêchent toute forme de véritable progrès. Au milieu de la mer de désespoir, cependant, de nombreuses pensées ont surgi pour donner à l'humanité la capacité de compter sa propre position dans le cosmos, de donner un sens à l'insensible et de tenter de construire des notions valides et pratiques de l'émotion, de la raison et de l'intellect humains. Parmi ces innombrables écoles de pensée, une se distingue comme étant la méthodologie prédominante pour gérer les tensions de la vie, que ces tensions proviennent de l'Athènes antique ou de l'Amérique du XXIe siècle. Cette école de pensée est connue sous le nom de stoïcisme et, depuis sa création, elle a servi de bastion au libre penseur. Elle a attiré dans son giron des intellectuels de tous horizons parce qu'elle s'appuie, pour sa disposition philosophique, sur une réflexion introspective liée non pas aux problèmes du monde extérieur, mais à ceux de l'âme.

Depuis plus de 2500 ans, le stoïcisme joue un rôle actif dans le discours sur la rationalité humaine et a gagné des philosophes estimés, tels que Marc-Aurèle, en tant que partisans des théories qui y sont exposées. La beauté de cette philosophie réside dans sa simplicité. Elle cherche uniquement à aider l'humanité à naviguer dans la détresse émotionnelle et soutient la position selon laquelle la contrainte émotionnelle est principalement causée par notre propre compréhension - ou le manque de compréhension - des sources de cette contrainte.

À l'époque moderne, le stoïcisme a refait surface en tant que base principale d'écoles de pensée psychologique prospères et s'est adapté aux rigueurs de la société moderne et aux besoins des personnes auxquelles il s'adresse. Les temps ont évidemment changé depuis que les premiers stoïciens ont traversé les colonnes de marbre et les temples de la vieille Athènes, mais la philosophie qu'ils prêchaient à cette époque révolue est toujours restée au centre du progrès humain, tant dans les doctrines philosophiques que psychologiques.

Que penser de cette qualité apparemment intemporelle d'une philosophie ancienne ? Elle témoigne peut-être de la véracité de la méthode stoïcienne et constitue une preuve implicite que l'homme qui a été le premier à formuler les principes de la pensée stoïcienne était peut-être sur quelque chose qui touchait à la nature même de l'esprit humain. La manière dont cette philosophie s'est adaptée à une variété de contextes sociaux et d'atmosphères politiques indique également l'universalité du message de Zénon. Une grande partie de l'état d'esprit stoïcien a été adoptée et adaptée à tant de domaines différents de la vie et de la culture humaines, mais un aspect qui est resté le même est l'accent mis sur l'amélioration de l'individu par rapport à l'amélioration de la société, et il a toujours prescrit une certaine forme d'introspection méditative comme moyen d'atteindre cette fin. Le fait que la veine commune de toutes les incarnations du stoïcisme soit cette concentration sur l'intérieur, cet acte d'auto-inspection, fait appel à ce que sont toutes les branches de la philosophie. Dans ces conditions, nous pouvons affirmer que Zénon et les stoïciens n'ont pas seulement été les fondateurs d'un mouvement qui leur est propre, mais qu'ils l'ont fait en développant cette étude de la sagesse et qu'ils méritent bien plus de crédit qu'on ne leur en accorde généralement.

Le discours philosophique moderne de notre élite intellectuelle a une fois de plus bouclé la boucle et retouché les questions auxquelles les premiers stoïciens ont été confrontés. Aujourd'hui, plutôt que d'exister en tant que philosophie, elle reste "dans les coulisses", travaillant comme un agent actif en informant le discours psychologique et en réaffirmant les principes originaux de l'ancienne philosophie. Aujourd'hui, de nombreuses formes de psychothérapie trouvent leurs racines dans les anciennes traditions stoïciennes. La thérapie cognitivo-comportementale emprunte largement aux principes stoïciens et les méthodes de guérison psychologique éclatées qui découlent de la TCC, doivent toutes quelque chose aux enseignements originaux de la Grèce antique. Malgré l'évolution des temps, le stoïcisme a toujours quelque chose à offrir à l'humanité et ses fréquentes réincarnations à travers l'histoire soulignent sa primauté en tant que méthode de compréhension thérapeutique de l'âme humaine.

Dans cet ouvrage, nous examinerons l'évolution du stoïcisme en tant que philosophie morale et éthique et en tant que cadre intellectuel qui a inspiré la médecine et la psychiatrie modernes. Grâce à cette étude, nous espérons faire la lumière sur les développements actuels de cet ancien mode de vie et définir les moyens de le mettre en œuvre par les citoyens du monde moderne. L'objectif de l'étude du stoïcisme est, et a toujours été, l'amélioration de soi et une introspection rationnelle liée au contrôle des réponses émotionnelles chez les êtres humains. Dans un contexte moderne, cette conversation nécessite une vue d'ensemble des paradigmes psychologiques qui ont informé nos pensées contemporaines sur le domaine de la mémoire, de l'émotion et des appareils biologiques qui opèrent dans nos cerveaux pour produire ce que nous, en tant qu'êtres conscients, ressentons comme une émotion.

Poursuivant cette discussion dans le domaine de la pratique, nous décrirons ensuite les avantages de l'adoption d'un état d'esprit stoïcien et donnerons au lecteur une idée de la manière d'atteindre cette disposition philosophique. En formulant cette discussion comme un discours psychologique et philosophique, nous tenterons de combler le fossé entre les deux. Cela nous permet d'atteindre un terrain commun qui est le plus avantageux à la fois pour la compréhension des principes philosophiques et pour les applications pratiques de ces principes tels qu'ils sont mis en œuvre par l'étude psychologique moderne.

L'héritage de Zeno

L'un des aspects les plus importants de l'héritage de Zénon, qui existe indépendamment des principes de la philosophie qu'il a créée, est le rôle qu'il a joué dans l'introduction de la pensée élevée dans l'arène de la société grecque dominante. Grâce à son style d'enseignement à portes ouvertes, il a diffusé son message dans les rues d'Athènes, et pas seulement parmi l'élite sociale et politique, comme l'avaient fait avant lui les philosophes précédents. Cet accent mis sur le peuple est à la fois une stipulation requise du contenu de sa philosophie en tant que philosophie de l'action et un moyen par lequel il a cherché à provoquer un changement dans les points de vue des gens qui l'entouraient. Comme le souligne Marc-Aurèle, une miche de pain fait bien plus de bien à l'homme affamé qu'un discours philosophique sur la question de savoir si le pain est bon ou mauvais, indifférent ou non (Kamtekar 2017). En faisant de la philosophie une discussion à laquelle les profanes pouvaient contribuer, Zénon a rompu avec la manière traditionnelle de faire les choses et a créé un nouveau paradigme qui informera le discours politique et social radical dans les siècles suivants. Les innovations qu'il a apportées à l'art de penser avec pondération ont fait trembler sa communauté intellectuelle contemporaine, ce qui se ressent encore aujourd'hui, et ses disciples ont été, dans certains cas, littéralement déifiés pour leurs pensées et leurs modes de vie.

D'une certaine manière, Zénon est le premier populiste philosophique du monde, et il s'est insurgé contre l'élitisme des autres écoles philosophiques en raison de leur incapacité à exploiter ce qui intéressait les gens de la rue. Les discours obtus et impénétrables ne feraient jamais rien pour guérir les maux que Zénon observait dans sa société, car ils ne permettaient pas de prendre en compte les opinions des personnes non éduquées. En changeant ce paradigme, Zénon insuffle à sa philosophie une force et une vigueur que les enseignements de Socrate et d'Aristote n'avaient pas. De cette façon, le stoïcisme est véritablement une philosophie de l'action. Dès ses débuts, l'histoire de cette école de pensée est chargée de principes et de leçons vivantes qui, selon Zénon, feraient bien plus de bien que les discussions détournées de l'élite intellectuelle.

On se souvient de son œuvre parce qu'il a cherché à ce qu'il en soit ainsi. Son œuvre a influencé la vie de tant d'érudits et de dirigeants ultérieurs parce qu'il est dans les principes les plus fondamentaux de la doctrine qu'une telle philosophie devrait être pour tout le monde, et que les bénéfices de l'illumination n'étaient pas le privilège sanctifié de la classe supérieure. En adoptant cette position, il a créé une philosophie qui s'adresse aux pauvres et aux esclaves, aux orphelins et aux femmes qui n'ont aucun pouvoir dans la société, et encore moins sur le fonctionnement du monde. Cela a contribué à la création d'un grand nombre d'adeptes et de disciples qui ont poursuivi son message après sa mort. La création d'une philosophie visant à améliorer le sort de chacun est une philosophie qui peut être suivie par n'importe qui, n'importe où dans le monde, à n'importe quel moment de l'histoire. Partout où les désenchanteurs s'amassent, la philosophie stoïcienne trouve un public, car elle cherche à s'attaquer à ce qui cause le désenchantement en premier lieu, en nous permettant de contrôler sa propagation et en nous donnant les outils pour le combattre.

Cela fait sans doute beaucoup plus pour un individu que n'importe quelle prédication de Socrate, Platon ou Aristote, qui ont passé leur vie à discuter de ce qui n'avait aucune incidence sur la population dans son ensemble. L'héritage de Zénon est construit sur la notion d'une philosophie populiste qui parle à un large éventail de personnes et peut être appliquée dans une grande variété de circonstances pour provoquer un changement positif chez ceux qui adhèrent à ses valeurs. On se souvient de lui, un peu comme de Prométhée lui-même, pour avoir fait descendre la lumière de la sagesse de ses hauteurs et l'avoir offerte au monde sous une forme compréhensible, accessible et propice à l'amélioration des individus tout en étant bénéfique pour le monde dans son ensemble.

Ce que Zénon nous a donné, c'est un schéma pour une vie bien vécue et c'est, en définitive, le but de la philosophie. Il nous a appris à vivre correctement, en accord avec la nature, et en accord non pas avec la loi ou les normes sociétales, mais avec la raison qui fait de nous des êtres uniques. C'est ce qui a séduit les humanistes néostoïques du XVIIe siècle, tout autant que les Grecs et Romains de l'Antiquité et les psychologues modernes. Les lois et les normes sociétales ne sont pas exclusivement mauvaises selon la vision stoïcienne du monde, mais elles créent un système culturel dans lequel l'humanité n'a pas le droit de décider elle-même comment elle va agir. Cette dissonance entre la rationalité et la règle des lois sociales est ce qui engendre le malheur, dans la mesure où elle empêche les gens de poursuivre la rationalité comme une méthode viable pour atteindre le bonheur. Cela n'a jamais été aussi vrai que dans l'Amérique contemporaine, où la richesse est une mesure du succès et où le statut est assimilé au bonheur. Zénon, même à notre époque, est toujours pertinent dans la mesure où ses enseignements nous rappellent l'impermanence de tout ce qui est cher à notre société. Et, à la fin, lorsque tout est dépouillé et que nous nous retrouvons face au vide de la mort, Zénon nous rappelle que mourir est la seule fin rationnelle pour nous et que, tant que nous avons vécu selon notre moi et notre rationalité, nous n'avons rien à craindre de la mort.

L'HISTOIRE DU STOÏCISME

En tant que philosophie et mode de vie, le stoïcisme est antérieur à bon nombre des grandes religions actuelles et a été formulé pour la première fois au troisième siècle avant Jésus-Christ par un philosophe grec nommé Zénon de Citium (Mark, 2015). Dans sa jeunesse, Zénon a étudié sous la tutelle de l'éminent philosophe grec Cratès de Thèbes, qui a fondé l'école de pensée connue sous le nom de cynisme. Pour comprendre les racines à partir desquelles le stoïcisme s'est développé, il est important de comprendre la culture philosophique et les précédents courants dans la Grèce antique de l'époque.

Parce que Zénon a étudié sous la direction de Cratès de Thèbes et qu'il est considéré par l'histoire comme son élève le plus brillant, nous devons nous plonger dans les enseignements de Cratès, bien que l'œuvre qui lui reste soit limitée et que les connaissances sur sa vie personnelle soient presque inexistantes. Ce que nous savons de Cratès, c'est qu'une grande partie de sa philosophie et de son amour de la sagesse est née d'une pièce qu'il a vue en tant que fils riche d'une puissante famille de la ville grecque de Thèbes. Cette pièce, *La Tragédie de Téléphon*, traite de la douleur et de la perte et se concentre sur le fils semi-divin d'Héraclès et sur une blessure mortelle qu'il a subie aux mains d'un héros grec, Achille.

Dans la pièce, Téléphon s'entend dire par un oracle que rien ne pourra apaiser sa douleur ou soulager son trépas, si ce n'est la bénédiction de l'homme qui lui a infligé cette douleur, pour commencer. Téléphon, qui pense toujours vite, se faufile dans le camp d'Achille déguisé en haillons et implore le robuste guerrier de guérir sa blessure.

On ne sait pas comment ni pourquoi cette pièce a affecté Crates, ni ce qui, dans son intrigue, l'a poussé à modifier sa vie de façon aussi radicale. Ce que l'on sait, c'est que peu de temps après, Cratès de Thèbes a renié son héritage, sa richesse, son pouvoir et sa famille pour mener une vie d'ascète et de simplicité, étudiant la philosophie dans les rues d'Athènes et s'efforçant de parfaire sa vie de sagesse.

Une grande partie de sa philosophie est basée sur la notion que les possessions matérielles sont des choses éphémères, temporelles, destinées à quitter ce monde et ceux qui les détiennent momentanément. En tant que tels, les cyniques considéraient la véritable poursuite de la sagesse comme quelque chose de totalement distinct des désirs communs de gloire et d'argent, de pouvoir et de femmes, de commerces et d'entreprises lucratives et de l'enfermement de la vie métropolitaine dans ce qui, à l'époque, était le siège de la civilisation contemporaine.

· · ·

Les CYNIQUES, suivant les indications d'une longue lignée de philosophes grecs remontant à Socrate au cinquième siècle avant Jésus-Christ, croyaient en des valeurs proches des enseignements bouddhistes, déjà vieux de deux cents ans à cette époque. Les possessions étaient éphémères et ne constituaient pas une véritable mesure du bonheur ou du succès. Le sage ne s'inquiétait pas de ces questions et menait plutôt une "vie selon la nature", se retirant de la vie publique et descendant dans les rues pour répandre le message de la pauvreté et de la pureté parmi les gens qui voulaient bien l'écouter.

PENDANT DES SIÈCLES, ce message s'est imposé, vivant longtemps après le crépuscule de la supériorité grecque et s'étendant finalement aux Romains, s'éteignant temporairement lorsque le christianisme a commencé à dominer les discussions philosophiques dans tout l'Empire romain, pour ressortir de son hibernation chaque fois qu'une culture mondiale commençait à devenir excessive, et engendrer la naissance de contre-cultures.

Les GÉNÉRATIONS SUIVANTES ONT ALTÉRÉ LE message du cynique jusqu'à ce qu'il soit perçu comme nous le percevons aujourd'hui, à savoir que tout ce qui est joyeux et bon dans ce monde est un mal qu'il faut fuir, mais dans ses premières incarnations, le cynisme de la Grèce antique était une philosophie qui prêchait la simplicité, la vertu et un style de vie exempt de la poursuite d'efforts vains.

ZÉNON DE CITIUM

. . .

Zénon de Citium, connu aujourd'hui comme l'un des philosophes éminents qui a fait connaître la pensée stoïcienne au monde par son érudition, est né trois cents ans avant l'avènement du christianisme dans ce qui est aujourd'hui l'île de Chypre. Avant de se consacrer à la philosophie et à la recherche d'une vie vertueuse, Zénon de Citium s'est employé à faire du commerce et s'est construit une grande richesse en négociant des marchandises dans la mer Égée.

SELON LES RÉCITS qui entourent sa vie, son intérêt pour l'ascétisme et la philosophie est né après qu'il eut frôlé la mort en pleine mer, survivant à un naufrage au large des côtes de l'actuel Israël. Après le naufrage, il s'est retrouvé à Athènes, où il a consulté un libraire, par l'intermédiaire duquel il a découvert les écrits philosophiques de Xénophon, un érudit socratique dont les travaux sont toujours loués par les universitaires modernes. C'est à travers les mots des *Mémoires* de Xénophon que Zénon s'est épris de l'étude de la vertu et de la vie selon les lois de la nature.

BIEN QUE L'ON SACHE PEU DE CHOSES sur sa vie, on peut déduire des ouvrages d'érudition et d'histoire qui ont survécu et qui entourent son école de pensée influente que le naufrage qu'il a vécu au large des côtes de la Phénicie est resté dans son esprit comme un exemple de l'inutilité d'une vie d'acquisition et de commerce. Il venait de faire des profits, d'échanger ses marchandises et d'étendre son réseau commercial en tant qu'homme d'affaires prospère, mais ces développements n'étaient rien face aux forces catastrophiques de la nature.

. . .

L'EFFET de cette rencontre avec la mort s'est solidifié dans son esprit et est devenu l'un des principes fondamentaux de sa philosophie, à savoir que la propriété et l'argent ne signifient rien et ne mènent pas à une vie satisfaisante. Ce sont des plaisirs éphémères, pour reprendre une expression de la pensée bouddhiste, et ils ne peuvent garantir à quiconque une vie agréable, introspective, en accord avec la raison et la nature. Zénon pensait que la suppression des excès de la société était le moyen le plus rapide et le plus sûr de garantir une culture de la logique et de la pensée rationnelle, la meilleure méthode pour atteindre une sagesse de sage, et la seule façon de vivre dans les limites de l'action naturelle et de la raison.

CES PENSÉES SEMBLAIENT radicales dans la société contemporaine de la cité grecque d'Athènes, siège de la sagesse et de l'érudition pour l'ensemble du monde connu jusqu'alors. À cette époque, la pensée intellectuelle était dominée par les idéologies hédonistes et axées sur le plaisir d'Épicure, qui estimait que la vie était trop courte pour être gaspillée autrement que par les innombrables splendeurs que le monde des sens avait à offrir au palais averti.

POUR METTRE LES deux philosophies en contraste, les épicuriens croyaient en quatre maximes qui informaient leur pensée et le modèle de leur vie alors qu'ils essayaient de vivre en accord avec les enseignements d'Épicure. Ces quatre maximes, prises au premier coup d'œil, tiennent pour acquis l'absence de présence divine ou de vie après la mort, et que les premiers maux de la vie sont la souffrance et le besoin. Le philosophe grec espérait inciter ses disciples à renoncer à leur peur de la mort, à leurs désirs de ce qui pourrait venir dans un au-delà jamais promis, et à profiter plutôt de l'éphémère et bref moment qu'ils avaient à vivre sur cette planète.

Il est facile de voir à quel point cela contraste avec les enseignements de Zénon et de ses stoïciens, qui méprisaient les possessions personnelles, ne recherchaient ni la gloire ni la fortune, et voulaient seulement vivre une vie paisible de contemplation. Pour Zénon et les stoïciens, la recherche d'un plaisir ne faisait qu'entraîner la recherche d'un autre, puis d'un autre encore, et d'autres encore, à l'infini. Ces désirs qui se chevauchent provoquent la jalousie et le crime, et entraînent l'humanité sur une voie qui ne peut aboutir qu'à la destruction de l'harmonie entre parents et amis. Ces passions, comme les décrivait Zénon, étaient le joug qui maintenait l'humanité dans le caniveau et ce n'est qu'en se libérant d'un tel lien que l'homme pouvait atteindre son état naturel d'individu rationnel et pensant existant côte à côte avec le reste du monde. En recherchant la vanité, les humains n'ont fait que brouiller les eaux métaphoriques de la rationalité et se sont créé une tombe dans laquelle les idéaux de la recherche intellectuelle mourraient.

Lorsque Zénon arriva à Athènes, tout juste sorti de son naufrage et se sentant renouvelé dans une vie qui lui avait presque été enlevée, il se mit à écrire et ses discours couvraient un vaste éventail de sujets généralement discutés par les philosophes de l'époque. L'une de ses œuvres qui subsiste encore aujourd'hui, intitulée *République*, (à ne pas confondre avec l'œuvre révolutionnaire du même nom de Platon) suivait la construction d'une société parfaite, sans hiérarchie sociale, sans loi ni crime, et avec une égalité totale entre les deux sexes et les deux races d'hommes. Selon le texte, une telle société n'est possible que dans un monde dépourvu de passion, où les hommes et les femmes peuvent suivre l'ordre naturel sans être entravés par des principes et des tendances cosmopolites, où les possessions n'inspirent aucune convoitise et où il n'existe aucune échelle sociale à gravir.

Bien qu'elle n'ait pas eu une influence aussi importante sur la philosophie ultérieure que l'œuvre de Platon, elle a inspiré une grande partie de ce que Crates, son tuteur, allait prêcher dans les années qui ont suivi la disparition de Zénon.

La mort prématurée de Zénon est entourée de mystère et le monde académique moderne ne sait toujours pas comment il est décédé. On sait qu'il s'est suicidé par strangulation, et l'histoire entourant les actions irréfléchies d'un homme qui a consacré toute sa vie à la poursuite de la rationalité veut que l'accident - il a trébuché sur une marche après avoir enseigné à Athènes - ait été perçu par Zénon comme un présage, une sorte de prophétie, et qu'il lui ait rappelé que son temps sur terre était arrivé à son terme et que continuer plus longtemps reviendrait à aspirer à un temps de primauté dont il savait depuis le début qu'il n'était pas destiné à durer.

C'est ainsi que Zénon a quitté le monde des hommes, laissant non pas une modeste empreinte dans son sillage, mais toute une école de pensée qui, telle la torche prométhéenne, sera transmise d'un savant à l'autre, s'enfonçant tour à tour dans les ténèbres de l'histoire oubliée et émergeant pour stimuler l'esprit d'une autre génération de jeunes. Ses travaux ont été poursuivis par ses disciples et sont devenus une composante majeure de la vision du monde du début de l'Empire romain, gagnant des partisans célèbres tels que Marc Aurèle et le penseur estimé Sénèque le Jeune.

Stoïcisme et christianisme

La relation entre le stoïcisme et les doctrines ultérieures du christianisme a été une relation étrange et troublée. Bien que les deux philosophies utilisent certains des mêmes idéaux métaphysiques et éthiques, les pouvoirs rivaux des deux écoles de pensée sont entrés en conflit à de nombreuses reprises au cours des âges. Les deux philosophies acceptent la nature inhérente du monde comme un lieu rationnel, divinement providentiel, où l'humanité occupe un rôle privilégié et central dans son fonctionnement. Mais en ce qui concerne la divinité de l'univers, les deux écoles de pensée diffèrent dans leur interprétation. Alors que le christianisme prône l'existence d'une source de vie divine distincte des masses humaines, les stoïciens sont convaincus que la divinité de l'univers se trouve à la fois à l'intérieur et à l'extérieur.

Un principe inhérent aux enseignements du stoa veut que l'humanité ait l'obligation providentielle de n'agir que sur la raison, car la raison est unique à l'humanité et représente un don de la bienveillance des êtres universels. Ce principe est en contraste direct avec les notions chrétiennes de la divinité. Cependant, malgré ces différences, les congruences qui existent entre les deux modes de pensée sont révélatrices d'une communication d'idées qui a eu lieu pendant les périodes d'évolution et de solidification du christianisme en tant que philosophie concrète.

. . .

On SAIT que l'éminent empereur romain et érudit stoïcien, Marc Aurèle, a mis en œuvre une persécution généralisée de la religion naissante au cours de son règne au deuxième siècle de notre ère. Et ce, bien que de nombreux apôtres chrétiens de l'ère biblique aient prêché des philosophies et des modes de vie en accord avec les enseignements de Zénon. On pense que saint Paul de Tarse a été éduqué à la manière stoïcienne pendant sa jeunesse dans le monde hellénistique, et bien que le débat fasse toujours rage sur la mesure dans laquelle ces enseignements ont influencé son christianisme, il est difficile d'imaginer qu'ils n'aient fait aucune impression sur l'apôtre chrétien (Grant, 1915). Lorsque l'on compare les enseignements de Paul avec les philosophies du stoïcisme, ils semblent être opposés l'un à l'autre. On sait que Paul écrivait en grec, parlait le grec et avait été élevé dans le cadre des inflexions philosophiques grecques de l'époque, qui étaient dominées de manière indélébile par les idéaux de la stoa.

MÊME SI SES idées sont contraires aux enseignements stoïciens, le fait qu'elles existent en réaction au mode de pensée prédominant à l'époque de saint Paul est révélateur de la manière dont le christianisme et le stoïcisme se sont entremêlés au fil des ans. Certains des premiers érudits chrétiens ont également opéré sous des formes d'éducation grecques, et la juxtaposition de ces deux philosophies existant côte à côte et se disputant l'esprit de la population mondiale est emblématique de leur relation durant les débuts de la philosophie.

PLUS TARD, le christianisme et le stoïcisme se sont rapprochés grâce aux écrits des savants humanistes européens de la fin de la Renaissance, qui ont cherché à utiliser les enseignements du stoïcisme pour expliquer les tragédies du début de la période moderne de l'histoire européenne.

Justus Lipsius, à cette époque, a encore utilisé la pensée chrétienne pour analyser la doctrine stoïcienne en tentant d'appliquer la notion stoïcienne de l'indifférence du monde envers l'homme à une discussion sur la nature de la punition divine. Pour Lipsius et d'autres stoïciens revivalistes, le monde indifférent décrit par Zénon est un symptôme de la providence divine. Cette fusion de la philosophie est un exemple des interactions entre ces deux écoles de pensée.

En dépit de leurs différences et des tensions qui les opposent, nul ne peut douter qu'elles ont existé simultanément et que, en tant que deux visions du monde dominantes se disputant des adeptes, elles ont dû être en contact intellectuel l'une avec l'autre.

LE STOÏCISME À TRAVERS LES ÂGES

Après la mort de Zénon, le stoïcisme est devenu la principale philosophie pratiquée d'abord par les Grecs contemporains d'Alexandre le Grand, puis par l'empire romain et divers penseurs à l'ouest de la patrie hellénistique. Des esclaves aux sénateurs, en passant par les empereurs et les premiers chrétiens, les idéaux du stoïcisme et la croyance en la suprématie de la pensée rationnelle ont fourni un contrepoids aux intellectuels à une époque où les changements sociaux balayaient l'ensemble du monde connu et où les coutumes et croyances communément affirmées de la république romaine cédaient le pas aux caprices moins prévisibles d'une multitude d'empereurs romains.

Les DIRIGEANTS ÉRUDITS DU MONDE, tels que Marc Aurèle, ont adopté la position morale proposée pour la première fois par Zénon, et des souverains fous comme Néron ont persécuté sa pratique et l'ont éloignée du terrain commun de la pensée intellectuelle acceptée pendant son règne.

. . .

QUELLE QUE SOIT LA FAÇON DONT le stoïcisme était perçu par le premier empire romain, une chose reste claire : l'école de pensée n'est pas morte sur les marches de marbre de l'Athènes antique avec son géniteur. Que ce soit dans la clandestinité ou à la lumière du jour, les érudits ont continué à prêcher la tempérance, la vertu et le respect de la suprématie de la logique humaine dans l'ordre naturel du monde qui semblait si tumultueux à l'époque du Christ et des acquisitions de terres par les Romains au premier siècle de notre ère.

DANS CE CHAPITRE, nous allons nous plonger dans la vie des partisans du stoïcisme et examiner la manière dont leurs débats intellectuels et leurs théories ont contribué à façonner les idéologies qui allaient devenir centrales dans la pensée occidentale pour le reste de l'Antiquité. De l'esclave affranchi Épictète aux hauteurs du trône de Marc Aurèle à Rome, la diffusion et la survie du stoïcisme témoignent de sa capacité d'adaptation et de la rigueur avec laquelle ses adeptes poursuivent leur amour de la vertu en accord avec la nature.

Épictète

Né en esclavage sous le règne de Néron, Épictète est un personnage historique et un des premiers diffuseurs de la pensée stoïcienne originelle qui reste entouré de mystère. Une grande partie de ce que nous savons de lui aujourd'hui est basée sur des caprices et des documents incomplets.

CE QUE NOUS SAVONS, ou pouvons supposer avec un bon degré de certitude, c'est qu'Épictète est né dans l'actuelle

Turquie et qu'il a passé la plus grande partie de sa vie comme esclave appartenant à un riche affranchi qui s'est acquis un grand pouvoir et une grande notoriété en tant que secrétaire de Néron. Il boitait et, bien que de nombreuses histoires circulent selon lesquelles son maître lui aurait intentionnellement cassé une jambe dans le but d'estropier définitivement l'enfant, il est tout aussi possible qu'il soit né avec une anomalie congénitale qui l'empêchait de marcher correctement.

Il ÉTAIT CONNU POUR être un orateur puissant et a gagné un grand respect après avoir gagné sa liberté dans les années qui ont suivi la disparition de Néron en tant que débatteur et rhéteur habile. Il a connu une carrière couronnée de succès à Rome après la mort de Néron et sa propre émancipation et y a cultivé ses propres ajouts aux principes originaux du stoïcisme.

MALHEUREUSEMENT, les marées politiques de Rome changeaient avec chaque nouvel empereur, et après l'effondrement de la dynastie julio-claudienne, une série de souverains faibles et inefficaces se succédèrent. L'année des quatre empereurs a vu des changements rapides et prévisibles dans le climat politique de l'empire, chacun apportant ses propres idéologies et modes de pensée dans les bureaux impériaux de Rome. Après cette année horrible, au cours de laquelle Galba s'empara du pouvoir de Néron, qui fut à son tour assassiné par Otho, lequel fut victime de Vitellius, qui fut tué par les troupes fidèles à Vespasien, les Flaviens établirent une série de souverains quelque peu stables pour diriger l'empire, et la vie commença à revenir à la normale.

. . .

À CETTE ÉPOQUE, Épictète enseignait à Rome et prêchait sa propre version du stoïcisme. On sait qu'il a étudié pendant un certain temps sous la direction de Musonius Rufus, un sénateur pour la plupart oublié, qui n'a obtenu que peu de faveur ou de popularité parmi ses pairs en raison de sa façon de penser. Malgré sa liberté retrouvée, Épictète n'a pas trouvé la vie à Rome en tant qu'affranchi très agréable.

LES SOUVERAINS JULIO-CLAUDIENS, ÉCLAIRÉS, même s'ils n'étaient pas toujours humains, et adonnés à la poursuite des arts et de la culture, étaient favorables à la philosophie et favorisaient sa croissance et sa propagation au sein du jeune empire. Mais les Flaviens étaient des souverains d'un autre genre. Militaristes et sculptés par les temps violents dont ils sont issus, des empereurs tels que Vespasien et Domitien ont dominé la vie politique romaine pendant près de trente ans et, au cours de cette période, ont promulgué des décrets tels que celui de Domitien interdisant les philosophes non seulement à Rome, mais aussi dans toute la péninsule italienne, en 89 après J.-C.

À LA SUITE DE cette interdiction de la sagesse dans les rues de Rome, Épictète et de nombreux autres philosophes ont eu la chance d'échapper au règne de Domitien avec leur vie et se sont enfuis aux quatre coins du monde connu. Épictète lui-même a atterri dans le nord-ouest de la Grèce, où il a vécu et enseigné avant de mourir dans la première moitié du deuxième siècle de notre ère. Il a laissé derrière lui une large base d'érudits pour diffuser ses opinions sur le stoïcisme et la nature de l'homme, qui ont été enregistrées et existent encore aujourd'hui sous forme de documents fragmentaires.

. . .

Épictète a vu de nombreuses facettes de la nature humaine, depuis l'époque sombre où il était le bien mobilier d'un seigneur romain au service d'un empereur détraqué, jusqu'à sa notoriété en tant que philosophe après Néron, puis à nouveau lors de son exil en Grèce, où les seules traces de ses enseignements ont été consignées par un jeune élève nommé Arrien. L'époque étrange et changeante dans laquelle il vivait, ainsi que son expérience personnelle, ont naturellement affecté sa vision du monde et donné lieu à de nouvelles conceptions de la philosophie stoïcienne de Zénon. De nombreux spécialistes le considèrent aujourd'hui comme l'héritier présomptif du trône du stoïcisme, poursuivant l'œuvre de la génération de Zénon par son adhésion à la pensée stoïcienne.

Comme de nombreux philosophes de son temps, Épictète a établi dans son œuvre une dichotomie entre ce qui était bon et ce qui ne l'était pas. Ce conflit constant entre ce qui était bon et ce qui ne l'était pas a créé les maux du monde dans la mesure où les choix qui s'offrent aux hommes et aux femmes conduisent à des erreurs et à des fautes de jugement. Les erreurs de jugement conduisent l'humanité à convoiter ce qui n'est bon ni pour les hommes individuels, ni pour l'humanité dans son ensemble. Dans sa tentative de rectifier ces erreurs de jugement commises par l'humanité à travers les âges, il a écrit de longs discours sur ce qu'était exactement le *bien*. Qu'est-ce qui le définit ? D'où venait-il et qui devait déterminer si une chose était bonne ou non ?

Ces questions ont intrigué de nombreux philosophes hellénistiques, d'Aristote à Socrate en passant par Épictète lui-même et au-delà. La réponse à cette question de ce qui peut être considéré comme bon est en grande partie à l'origine du mouvement stoïcien et de son désaveu de la recherche de la richesse et de la propriété.

Les STOÏCIENS - dont ÉPICTÈTE - affirmaient que seules les actions justes et vertueuses pouvaient être considérées comme entièrement bonnes, car elles étaient les seules à bénéficier à tous ceux qui les détenaient, tous ceux qui vivaient selon les règles de la vertu et de la responsabilité morale. La richesse ne pouvait pas être définie comme telle car, pour de nombreux individus, elle constitue la base de la corruption morale et peut même être le germe de sa propre destruction. Cette idée se reflète dans la conversion de Zénon à une vie d'ascétisme après son naufrage : tout l'or qu'il a gagné en faisant du commerce n'a pas pu le sauver des pouvoirs de Poséidon. De même, en tant qu'ancien esclave, Épictète était parfaitement conscient du fait que les concepts de propriété, de possession et de domination allaient à l'encontre de la manière dont l'homme devait agir selon les lois de la raison, telles qu'elles avaient été établies par les générations de philosophes qui l'avaient précédé.

SON STATUT d'ancien esclave affranchi a également eu des implications évidentes sur d'autres facettes de sa pensée. Il a beaucoup écrit sur un autre concept qui a été inhérent au stoïcisme à travers toutes ses incarnations au fil des ans : l'admission que certaines choses échappent tout simplement au contrôle des individus qui en sont affectés.

Les STOÏCIENS PENSAIENT qu'une autre des grandes fautes de l'humanité résidait dans le fait que l'homme, à travers l'histoire, a cherché à changer des circonstances sur lesquelles il ne pouvait tout simplement pas exercer de contrôle. Ce thème est repris dans d'innombrables pièces de théâtre grec, *Oedipus Rex en étant un* exemple remarquable. S'appuyant sur ce thème, Épictète soutient que les humains, malgré toute leur puissance cérébrale et leur pensée élevée, n'ont en fait que très peu de contrôle. Ce constat peut paraître austère pour le penseur moderne du XXIe siècle, mais au tournant du millénaire et peu après, cette pensée a permis à des philosophes tels qu'Épictète de se dire que, si nous n'avons de pouvoir que sur ce qui réside dans notre propre esprit, et rien d'autre, alors la seule entreprise juste à laquelle consacrer sa vie était la poursuite de la connaissance et la tempérance des passions qui ravageaient son esprit logique.

Les problèmes de l'extérieur ne devraient pas poser de problèmes au sage stoïcien, car ils ne sont pas sous son contrôle. Seule la *réaction* du sage à ces circonstances est contrôlable et, par conséquent, seules ces réactions sont dignes de l'attention et de la culture du sage.

Les contributions d'Épictète à la pensée stoïcienne remplissent littéralement des volumes et ne peuvent être entièrement couvertes ici, mais dans l'ensemble, il a laissé une impression de la philosophie du mouvement stoïcien qui est valable aujourd'hui. Ses tentatives de vivre une vie stoïcienne honnête et les effets de ces changements radicaux de style de vie ont fait de lui à la fois un héros iconoclaste de l'académie de la Rome impériale et un anathème pour ceux qui cherchaient à préserver les normes et les coutumes sociales. Bien que l'on sache peu de choses sur sa vie et son époque, nous savons aujourd'hui que sa pensée extrêmement influente a contribué à orienter le parcours des philosophes stoïciens suivants.

. . .

Sénèque le Jeune

Vivant à l'époque de Jules et d'Auguste César, Sénèque le Jeune a hérité, en tant que philosophe, d'un climat social et politique qui favorisait la pensée profonde et l'introspection au sein de l'élite romaine. En tant qu'érudit, il a grandi sous la tutelle des impériaux romains de la classe supérieure, pour qui la poursuite de la philosophie était considérée comme une voie authentique vers le pouvoir et le respect dans la société.

À L'ÉPOQUE, les Romains rompaient avec les anciennes coutumes et commençaient à écrire la philosophie en latin, plutôt qu'en grec original, et la vague d'intellectualisme qui s'est répandue avec l'essor du nouvel empire a alimenté non seulement ses apprentissages philosophiques, mais aussi une carrière politique robuste et virile qui l'a vu servir l'administration de Néron avant son exil pour le crime d'adultère avec une femme de la famille impériale (Vogt, 2016).

AU COURS DE SA VIE, il a traversé cinq empereurs et de nombreux bouleversements politiques, tels que la tempérance d'Auguste et sa Pax Romana, le règne fou de Caligula et la conspiration pisonienne visant à assassiner Néron, pour laquelle il a été condamné et contraint au suicide en 65 après J.-C. (Vogt, 2016). Bien que son succès politique ait été limité par son exil en 41 après J.-C., il a continué pendant deux autres décennies à apprendre et à enseigner dans l'ancien empire, engendrant des développements dans la philosophie stoïcienne qui influenceront plus tard des érudits comme Épictète et Musonius Rufus. Cette vie faite de hauts et de bas, de passion et de violence intenses a influencé son écriture.

Grâce à la production d'une série de drames antiques bien connus, ainsi qu'à une vaste collection de lettres qui existent encore aujourd'hui, Sénèque le Jeune a porté le flambeau stoïcien de Zénon jusqu'au nouveau millénaire, adaptant la philosophie à une nouvelle ère et faisant des progrès révolutionnaires vers la création d'une philosophie qui pourrait être adoptée par les masses.

Ses travaux ont largement contribué à faire la lumière sur le nouvel intellectualisme romain, considéré par beaucoup comme une école de parvenus qui n'avait rien à envier aux "vrais" philosophes de la Grèce, qui écrivaient dans l'ancienne langue et étudiaient dans les anciennes écoles.

Mais les changements dans le mode de vie de l'élite de la Rome impériale ont fait disparaître l'idée que l'apprentissage devait se faire dans une école. Sénèque le Jeune a profité du patronage des riches Romains - lui-même né dans la richesse et le titre - et a aidé à construire un nouveau paradigme philosophique qui permettait à la philosophie d'être mise en œuvre dans la politique, dans la guerre, dans la vie quotidienne.

Essentiellement, sa philosophie consistait en une philosophie en action. Il prêchait le sens pratique et désavouait souvent les fantaisies intellectuelles exagérées qui rendaient la philosophie ancienne obtuse pour le public. Il a entrelacé divers aspects de la pensée stoïcienne avec d'autres domaines de la recherche philosophique et est connu comme un penseur indépendant dans la mesure où il a pris l'influence des premiers stoïciens tout en n'hésitant pas à être en désaccord avec certaines maximes qui, selon lui, avaient cessé de fonctionner comme des idéologies efficaces ou thérapeutiques dans sa propre époque contemporaine.

Par CONSÉQUENT, il ne s'embourbe pas dans les origines épistémologiques et ontologiques du libre arbitre et ne trébuche pas sur des définitions maladroites qui obscurcissent le sens de son message. Au contraire, il écrit clairement, en latin, sur la façon dont on peut utiliser la philosophie pour améliorer le monde et la vie morale. Son style d'écriture accessible invite les lecteurs à participer à la philosophie elle-même et soutient que la simple acceptation des valeurs et des vertus telles qu'elles ont été définies par les savants qui les ont précédés n'équivaut pas en soi à une appropriation honnête de la pensée philosophique dans sa vie (Vogt, 2016).

L'ÉCRITURE HUMANISTE DE SÉNÈQUE, souvent centrée sur les propres difficultés de vie d'un débatteur imaginaire, ne se contente pas de débiter des maximes et des idéaux sans contexte, mais place plutôt ses lecteurs dans l'esprit d'une personne souffrant des crises existentielles qui importaient le plus aux Romains de l'Antiquité et, par conséquent, sert au public d'exemple de la manière de mener une vie vertueuse.

SES contributions LES PLUS REMARQUABLES à la pensée stoïcienne résident dans ses discours sur la nature de l'âme humaine, sa fonction de véhicule du libre arbitre et les aspects psychologiques de la condition humaine. Il écrit qu'il ne suffit pas de suivre une argumentation ou de débattre des principes, mais que les conclusions auxquelles on parvient doivent être mises en œuvre pour que l'âme - qu'il perçoit comme un corps entièrement rationnel logé dans le corpus humain - puisse profiter pleinement des avantages d'une bonne vie. Ce n'est pas le débat lui-même, mais les *effets* du débat dans les actions ultérieures du débatteur qui déterminent si la recherche philosophique mène à une vie meilleure. Cette notion d'unité de l'âme, souvent appelée monisme psychologique, et sa dépendance à l'égard d'une action philosophique éclairée sont en phase avec la pensée stoïcienne traditionnelle en ce qu'elles incitent les lecteurs à adopter ces idées comme mode de vie.

Sénèque a également apporté des contributions majeures à la perception des émotions humaines par la philosophie, et ses travaux dans ce domaine ont largement contribué à l'évolution du stoïcisme à travers les âges.

La première vague de philosophes stoïciens postulait que l'émotion humaine était le siège de la pensée et de l'action irrationnelles, et que la poursuite de la vie vécue en fonction de ces émotions portait atteinte aux vertus de l'homme. Pour mener une vie de tempérance, il fallait modérer et contrôler les réactions émotionnelles, les retenir et les amplifier afin d'empêcher ces émotions d'obscurcir la vision rationnelle de l'âme. Mais Sénèque affirmait qu'il était impossible de modérer les émotions. Elles font partie du domaine de l'irrationnel et ne peuvent donc pas être modérées. Selon Sénèque, "l'agent idéal se vengera et défendra les autres par sens du devoir, et non par colère ou désir de vengeance" (Vogt, 2016).

À travers ses tragédies et ses épîtres, Sénèque fait progresser à grands pas la compréhension des émotions et de leur pouvoir d'action sur la pensée humaine. Il écrivait clairement et avec lucidité afin que son message soit reçu par un grand nombre de personnes et, ce faisant, il a contribué à la survie du mode de vie et de la pensée stoïciens pendant les turbulences politiques de la Rome impériale antique. Des siècles plus tard, son œuvre est toujours étudiée et continue d'être influente, et ses pensées ont certainement fourni une large base de travail sur laquelle les stoïciens ultérieurs, comme Épictète, se sont appuyés.

Marcus Aurelius

Bien que de nombreux philosophes aient pu faire plus d'études que Marc Aurèle, aucun n'a théorisé depuis des hauteurs aussi élevées que le dernier empereur à participer à la Pax Romana d'Auguste César. Monté sur le trône en 161 après J.-C. et ayant régné pendant près de deux décennies, Marc-Aurèle est considéré par les historiens sous un jour des plus contradictoires : certains considèrent ses contributions à l'art de diriger et à la tempérance comme le summum de la sagesse éclairée et, à cet égard, voient en Marc-Aurèle la manifestation la plus pure de l'histoire du roi philosophe d'Aristote. Cela n'obscurcit cependant pas le jugement de tous les historiens. Son attitude à l'égard des chrétiens contraste fortement avec sa vision bienveillante des femmes, des orphelins et des esclaves, et son désaveu de l'esprit stoïcien classique, qui considérait la philosophie comme un mode de vie plutôt que comme un système de pensée, est considéré par certains comme le germe du déclin de l'Empire romain après la Pax Romana (Noyen, 1955).

En tant qu'empereur, il a contribué à la persécution des chrétiens au sein de l'empire, à la réforme généralisée du système juridique romain dans une ère pré-justinienne, et a combattu les révoltes italiennes internes ainsi que les invasions allemandes dans l'arrière-pays de l'empire. Son règne a été considéré comme plutôt pacifique et l'histoire en garde, pour la plupart, un bon souvenir.

En TANT QUE PHILOSOPHE, Marc-Aurèle a exposé les idéaux des anciens philosophes stoïciens des siècles précédents. Il est un disciple réputé de Sénèque et d'Épictète, et ses œuvres contiennent des passages largement cités des premiers stoïciens grecs (Komtekar, 2018). Dans ses *Méditations*, il évoque les idéaux classiques des stoïciens, à savoir que "le monde est gouverné par la Providence, que le bonheur réside dans la vertu, qui est entièrement en notre pouvoir, et que l'on doit être en colère contre ses associés" (Komtekar, 2018).

SES RÉFLEXIONS dans les *Méditations* soulèvent des questions morales très sérieuses sur la validité de la pensée stoïcienne et remettent en question la notion de bonté inhérente au plaisir et de mal inhérent à la douleur. Une telle dichotomie en noir et blanc, affirme Marcus, peut conduire à une remise en question impie de l'ordre de la nature, qui, à la base, est le fondement de toute la philosophie. Que doit faire un stoïcien face aux avantages accordés à un homme mauvais alors qu'un homme bon souffre ? Cette question est au cœur du grave défaut du stoïcisme. Un philosophe doit-il ignorer cette injustice ? Faire autrement serait céder à la passion qui engendre le paradoxe qui a poussé Marc Aurèle à orienter ses textes philosophiques, décousus et parfois incohérents, vers l'état de droit et la gouvernance d'une société juste.

En TANT QUE CHEF DU PEUPLE, il a promulgué des centaines de nouvelles lois au sein de l'empire au profit des classes inférieures de Romains, ce qui contribue grandement au souvenir qu'on a de lui comme roi philosophe bienveillant et tempéré, dans la veine des notions aristotéliciennes de gouvernance.

Développant cette idée, il écrit sur les rôles des individus et leur responsabilité respective envers la communauté dans laquelle ils vivent. Selon Kamtekar, Marc Aurèle a rejeté la notion d'un individu séparé de la société dans son ensemble qui a donné naissance aux pensées, aux expériences, aux réactions émotionnelles et aux visions du monde de cet individu. Cela va à l'encontre de la pensée stoïcienne traditionnelle en ce qu'elle place les gens dans le contexte de la société à partir de laquelle ils voient le monde. À cet égard, l'absence d'agence dans la détermination du changement extérieur du monde, un principe fondamental du stoïcisme, est réduite, et l'agence est accordée à l'humanité dans sa capacité à modifier la société humaine.

Selon Aurèle, nous sommes, en un sens, les produits inéluctables de notre environnement et, en tant que tels, nous avons une dette envers notre société, celle d'agir en son nom. Conformément à la pensée stoïcienne originale, il ne considérait pas cette maxime comme s'appliquant uniquement aux Romains dans les limites de l'empire, mais comme s'appliquant aux individus en tant que citoyens d'une société mondiale plus vaste.

Il a fortement soutenu la notion grecque de *cosmopolitisme*, selon laquelle les gens ne sont pas citoyens d'une ville ou d'une autre, de telle ou telle province, mais existent plutôt en tant que citoyens du monde. Bien qu'il soit souvent critiqué pour ne pas avoir respecté l'éthique stoïcienne consistant à vivre la philosophie par l'action quotidienne, son idéologie concernant le cosmopolitisme exige que l'homme aide son prochain, et postule que nous partageons tous les mêmes luttes, que nous sommes redevables les uns aux autres de notre soutien, et que les humains sont tenus par l'honneur d'apporter les indifférences qui sont favorables à leur société entière.

CETTE APPROCHE ÉGALITAIRE du rôle de l'homme dans un univers rationnel peut être observée dans son code juridique, qui promettait des droits étendus aux personnes privées de leurs droits et cherchait à rendre la vie romaine plus propice à la participation et à l'amélioration de la communauté. À cet égard, nous pouvons entendre sa philosophie résonner à travers les âges dans la voix d'Emmanuel Kant, dont l'impératif catégorique exhorte les gens à n'agir que d'une manière qui serait appropriée pour le bénéfice de tous.

BIEN QU'IL AIT SOUVENT ÉTÉ CRITIQUÉ par les historiens modernes pour s'être longuement étendu sur les vertus philosophiques tout en ne se montrant pas exactement à la hauteur des enseignements, son règne se distingue par la philanthropie et la bonne volonté dont il a fait preuve envers les classes inférieures de la société romaine. Les femmes, les orphelins et les esclaves sont les sujets d'une grande majorité de ses écrits juridiques, et son règne a vu de nombreux avantages pour eux encodés dans l'appareil juridique de l'empire (Kamtekar, 2018).

IL PROMULGUA DES codes juridiques qui faisaient des esclaves non seulement un objet autour duquel tournait la loi, mais un sujet dans lequel ils étaient des acteurs actifs. Il accorda des droits à la liberté aux esclaves à qui les maîtres l'avaient promis, et il adopta des lois qui aidèrent la société romaine à se détacher des anciennes méthodes patriarcales et à forger une nouvelle voie dans laquelle les mères et les femmes, en général, étaient des agents plus respectés dans les affaires du foyer.

LA PHILOSOPHIE DE LA STOA

Lorsque Zénon de Citium a commencé à prêcher sa philosophie stoïcienne, les conditions sociales de la Grèce antique n'étaient pas sans rappeler celles qui prévalent dans le monde occidental du XXIe siècle. La corruption, tant au sein du gouvernement que dans les hautes sphères de la société, était endémique, et les hommes avaient plus d'estime pour les temples et les politiciens que pour le bien du monde dans son ensemble. Dans l'introduction de son discours enflammé et iconoclaste, *La République*, il s'insurge contre ces malheurs de la société et promet d'envisager une société libérée de ces pièges funestes. Ses écrits sur la structure sociétale et les institutions à l'œuvre dans la société grecque antique ont été jugés incendiaires, et beaucoup ont trouvé ses vues trop idéalistes et non fondées sur la réalité.

Malgré les défauts perçus par ses détracteurs, cette œuvre est connue comme le texte philosophique fondateur du stoïcisme de la période hellénistique et est considérée par les philosophes grecs contemporains et les historiens modernes comme une attaque contre l'œuvre influente du même nom de Platon. Dans la République de Platon, les sages gouvernent tout et les systèmes sociaux sont établis dans le cadre de l'oligarchie, alors que Zénon imaginait que la société parfaite était un monde dans lequel il n'y avait que des sages, qui se gouvernaient eux-mêmes sans l'aide d'organisations ou d'organes gouvernementaux (Erskine, 2000).

Il est intéressant de noter que la manière dont ils organisent leurs sociétés imaginaires reflète la manière dont ils ont abordé leurs philosophies. Dans la république de Zénon, le pouvoir est partagé par tous, tout comme sa philosophie a été diffusée dans les rues pour que tous l'entendent et l'écoutent. Il n'y a pas besoin de gouvernants car chacun a été inculqué de la croyance inébranlable en la suprématie du rationnel. À cela s'oppose l'oligarchie platonicienne, représentative des méthodes d'enseignement à huis clos qui prévalent dans son école. Les institutions sociales considérées comme intrinsèques à la nature de l'homme, telles que le mariage et la monnaie, n'ont aucune valeur dans la république de Zénon car, pour le philosophe stoïcien, elles n'offrent à l'homme qu'une échappatoire à la vie vertueuse pour une vie de passion hédoniste.

À l'époque, la nouvelle philosophie de Zénon - sa réponse incendiaire au mode de pensée qui prévalait dans la Grèce antique de l'époque - a créé un scandale et une controverse, et a suscité la colère de nombreux philosophes qui trouvaient les idées qu'elle contenait puériles et sans profondeur. Mais pour comprendre pourquoi cette philosophie a suscité un tel émoi dans la culture grecque, nous devons examiner ses principes et ses valeurs et déterminer pourquoi de tels points de vue sont à la fois critiqués et ridiculisés, tout en ayant suffisamment d'adeptes pour orienter la recherche philosophique pendant les siècles à venir.

Les philosophes stoïciens, à commencer par Zénon de Citium, ont divisé la philosophie en trois parties : l'étude de la raison ou de la logique, l'étude de la physique et de l'ordre naturel du monde dans lequel l'humanité évolue, et l'étude de l'action éthique et de la nature de la faute, ou du mal.

Selon lui, la quête ultime de la vie du sage est de vivre vertueusement, ce qui ne peut être atteint qu'en vivant en accord avec la raison, qui est la place de l'homme dans l'ordre naturel du monde. De cette façon, nous pouvons commencer à voir les bases de la philosophie s'étoffer. Nous partons d'un univers et d'un ordre rationnel qui s'exerce sur cet univers. À partir de cette supposition, nous en arrivons au rôle de l'homme dans ce cadre universel. Ce rôle est une extension directe de l'univers lui-même.

Enfin, nous en arrivons à la finalité du rôle de l'homme, qui est d'atteindre la vertu par une vie philosophiquement introspective. Avec cette sorte d'ordre imposé au monde qui l'entoure, Zénon construit les bases d'une philosophie qui cherche à placer le monde naturel comme une directive première, comme un moteur originel. C'est de l'ordre de l'univers que tout le reste jaillit. Cette notion explique peut-être pourquoi nous n'avons pas la possibilité de contrôler le monde. En fin de compte, tout ce qui se passe autour de nous a un rôle performatif dans nos vies, comme le schéma par lequel nous vivons inconsciemment.

. . .

Bien que de nombreuses personnes aient modifié la philosophie originale de Zénon au fil des ans et que son œuvre n'ait pas survécu aux marées de l'histoire, nous pouvons déduire de nombreuses choses sur son enseignement grâce aux disciples qu'il a laissés dans son sillage. Pour faire simple, dans l'incarnation originale du stoïcisme de Zénon, les étudiants sont confrontés à la notion de l'homme comme étant différent des animaux inférieurs du monde en ce que l'homme a la capacité de pratiquer la raison. C'est la base d'une grande distinction entre Zénon et les croyances des autres philosophes de l'époque.

Selon la pensée épicurienne, l'homme, pour atteindre le bonheur, doit analyser ses propres besoins inhérents, les objets qui motivent ses désirs, et organiser sa vie autour de la poursuite de ces objets de désir. Pour Zénon, cependant, cette vision du monde ne tenait pas compte de la principale différence entre l'homme et la bête : l'homme possède la logique et la raison, et l'ordre de l'homme dans le monde naturel est inséparable de cette capacité de pensée rationnelle. Bien que les stoïciens et les épicuriens aient eu de nombreuses croyances similaires en ce qui concerne la nature de l'univers, ils ont appliqué ces structures à la condition humaine de manière radicalement différente.

Pour les épicuriens hédonistes, si un enfant en bas âge est poussé vers des plaisirs naturels tels que la nourriture, l'eau et la sécurité du toucher de sa mère, toutes ces choses doivent être pour le bien de l'homme. Puisqu'il s'agit là des désirs les plus bas de l'humanité, et de la première chose que même un enfant connaît implicitement sans qu'on le lui enseigne, la recherche du plaisir devrait servir d'exemple à l'humanité en pleine maturité. Épicure croyait qu'en privant les humains de ce dont ils tirent du plaisir, la société engendre les problèmes du monde.

En REVANCHE, Zénon soutenait que ces mêmes passions étaient à l'origine des pires aspects de la cruauté, de la cupidité et de la licence humaines. La poursuite effrénée des passions, dans l'esprit stoïcien, réfutait la primauté de la logique humaine et effaçait la divinité de la providence que l'homme possédait manifestement. C'est pour cette raison que Zénon a adopté l'ascétisme si pleinement dans sa philosophie. La seule chose que l'humanité pouvait vraiment faire pour améliorer sa condition était de vivre dans la raison et de cultiver une vision propice à la pratique du discours rationnel. Tout le reste n'était qu'une distraction par rapport au véritable objectif stoïcien, à savoir mener une vie vertueuse.

En CE QUI CONCERNE les lois de la nature et la physique de l'univers, telles que les stoïciens les comprenaient, c'était la place providentielle de l'humanité dans le cosmos de poursuivre sa raison avec toute la force de sa compréhension psychologique développementale. C'était de l'auto-préservation que de vivre une vie rationnelle et médiate, car c'était cette vie que nous avions naturellement héritée de nos capacités divines à raisonner. Pour les stoïciens, la vie philosophique, la quête des sages, tourne autour de la raison, de la vertu et de l'ordre naturel du monde qui les entoure. La divinité du cosmos et l'immanence des dieux ont joué un rôle important dans leurs croyances et, dans les dernières années de l'Antiquité, le stoïcisme a commencé à entreprendre une tâche de réflexion psychologique, en essayant de déterminer le siège du bonheur et le conflit entre émotion et raison.

. . .

Dans ce chapitre, nous nous intéresserons au cœur de ce que signifie pour Zénon être un stoïcien, et à la façon dont cet idéal a été façonné par les enseignements classiques et hellénistiques qui ont précédé Zénon.

L'éthique de la vertu

L'éthique dans la vision stoïcienne du monde, tout comme dans la vision épicurienne du monde, tournait autour de ce que signifiait se sentir heureux. Quelle est la cause du bonheur et quels sont ses objectifs et fonctions dans un monde rationnel et humain ? Pour parler de cette qualité de contentement, les stoïciens utilisaient l'*eudaimonia* pour décrire le sentiment de bonheur qui découlait d'une vie vertueuse vécue en tenant compte du cadre éthique stoïcien (Baltzly, 2019).

Pour atteindre l'*eudaimonia*, il faut s'assurer la possession de ce qui profite au possesseur en toute circonstance. Selon les disciples de Zénon, ce qui profite au possesseur en toute circonstance ne peut être qu'une chose : la vertu.

Pour les stoïciens, la vertu était la pierre angulaire sur laquelle reposait la philosophie. Pour les épicuriens, qui dominaient la pensée intellectuelle à l'époque précédant Zénon, la richesse matérielle, le sexe, la bonne nourriture, le vin et le pouvoir - toutes ces choses conduisaient au bonheur parce qu'il était agréable de les posséder. Tout le monde aimait manger de la bonne nourriture, assister à une fête, avoir des relations avec sa femme. Ces choses étaient bonnes et saines, et elles étaient le produit final d'une vie bien vécue.

. . .

Zénon a bouleversé le monde philosophique de son époque en affirmant que ces choses n'étaient pas *bonnes*, mais entraient plutôt dans la catégorie de ce qui était en fait *indifférent*. Posséder des richesses et une belle épouse ne garantissait pas le bonheur de tous à tout moment et, par conséquent, selon la philosophie de la Stoa, n'était pas fondamentalement bon. Ils pouvaient contribuer au bonheur de quelques privilégiés qui avaient la chance de les posséder, mais les nombreux exemples de richesse causant corruption et angoisse ont finalement fourni à Zénon la colonne vertébrale sur laquelle il a construit sa philosophie ascétique et l'ont aidé à conclure que la seule chose au monde, dans tout l'univers humain, qui était vraiment et entièrement *bonne* était la poursuite de la vertu.

Dans le cadre stoïcien, la VERTU peut être considérée comme un terme générique qui couvre les fonctions de l'esprit humain qui séparent l'homme de l'animal. Le courage, l'excellence de la pensée, la pureté, la modération des impulsions : toutes ces choses entrent dans la catégorie des attributs vertueux dans l'école de pensée de Zénon. Cela s'explique par le fait qu'ils découlaient de la capacité de l'homme à raisonner et à penser rationnellement.

En étudiant la vision stoïcienne du monde, nous sommes à nouveau confrontés à une différence majeure dans les enseignements de Zénon et d'Épicure. Zénon a fait remarquer que les êtres dotés d'une âme - animaux et humains - ne recherchaient pas ce qui était agréable pour eux lorsqu'ils étaient à l'état de nature, mais ce qui contribuait à leur survie. Il est certain qu'un lion qui se bat et meurt pour défendre ses petits ne considère pas l'expérience comme agréable, mais s'engage quand même dans un tel comportement, par sens de la préservation, non seulement pour lui-même, mais aussi pour les siens. De même, les humains peuvent rechercher la richesse et le pouvoir, mais ceux-ci ne servent pas leur survie ni celle de leur communauté.

Ainsi, pour les stoïciens, le bonheur ne découlait pas du plaisir, mais plutôt d'une vie de raison, et une vie de recherche raisonnable exigeait le respect des qualités que l'on pouvait juger vertueuses. À partir de cette idée, les stoïciens sont arrivés à la conclusion que l'ascétisme était la véritable voie du sage, et que renoncer à des comportements qui contribuaient à la corruption et à la faillite morale de la Grèce de l'époque était le seul comportement d'un être désireux d'adhérer à la loi de la rationalité.

La force de la détermination contre les émotions négatives

Mettre en pratique l'amour stoïcien de la rationalité et de la vertu dans le monde réel peut sembler difficile au milieu de la culture de consommation, et il est certain que les premiers stoïciens des deuxième et troisième siècles avant Jésus-Christ ont eu du mal à rallier les autres à une philosophie qui semblait si morne et si peu agréable face à l'hédonisme épicurien. Mais les joies du stoïcisme et son utilisation pratique en tant que déterminant de la pensée et de l'action humaines sont plus profondes que le seul plaisir, et par sa mise en œuvre, la pensée stoïque conduit au bonheur d'une manière plus détournée, plus obtuse.

. . .

En pratiquant les valeurs du stoïcisme et en essayant de mener une vie vertueuse telle qu'elle a été définie par Zénon et ses disciples, nous sommes confrontés au problème du mal dans le monde. Les émotions négatives de la douleur, de la colère et de la luxure sont innées dans la condition humaine et il faut un vrai sage pour se débarrasser de leur influence, mais les stoïciens prêchaient qu'en adhérant à la raison, un sage pouvait se libérer de toutes les émotions négatives et prendre le monde "au premier degré", pour ainsi dire. En acceptant la présence du mal et de la négativité dans le monde, les stoïciens se libéraient de ses liens et permettaient à un plus grand discours psychologique et métaphysique de naître de sa présence.

Prenez Épictète, par exemple. Né esclave et contraint d'endurer les plus grandes difficultés, de surmonter les obstacles les plus élevés au bonheur de l'homme, Épictète avait toutes les raisons de se vautrer dans l'hédonisme après avoir été libéré, mais il a préféré poursuivre sa vie de raisonnement stoïcien, conformément aux enseignements de Zénon, car, comme tous les bons stoïciens, Épictète croyait que les émotions négatives résultent de l'idée erronée selon laquelle le bonheur doit être *acquis* par l'interaction avec le monde extérieur plutôt que par la méditation et l'art de se cultiver.

Pour le stoïcien, l'adversité telle que l'esclavage, la guerre ou la famine sont des fonctions du monde sur lesquelles nous n'avons aucun contrôle. Ces forces agissent sur nous et nous n'avons aucun recours contre elles, mais nous sommes capables de contrôler nos réactions. En gardant une certaine force d'âme, les stoïciens s'assurent de ne pas être affectés par les épreuves de la vie quotidienne.

. . .

L'EFFICACITÉ du stoïcisme comme moyen de faire face à l'adversité est mise en évidence par l'histoire de la vie de tant de stoïciens éminents. La brutalité du monde antique a donné lieu à de nombreuses occasions de méditer sur la nature du mal et la façon de gérer sa présence dans la vie. Grâce à leurs expériences collectives, les stoïciens ont naturellement développé un sens de la force d'âme au sein de leurs doctrines philosophiques qui visaient à rendre l'état mental de l'homme imperméable aux conflits extérieurs. Cette approche s'inscrit dans la lignée de la philosophie orientale et constitue l'un des principaux liens entre les écoles de pensée hellénistiques abordées dans cet ouvrage et d'autres philosophies telles que le taoïsme ou le bouddhisme.

CETTE CROYANCE INCARNE un des principaux principes du stoïcisme en tant que philosophie en pratique. Elle repose sur l'hypothèse stoïcienne selon laquelle les émotions ne sont pas imposées aux humains ou le produit de forces extérieures exerçant une énergie sur l'âme humaine, mais sont plutôt le produit de l'âme humaine elle-même, et relèvent du domaine de ce qui peut être contrôlé par la tempérance humaine. En ajustant la manière dont on réagit aux griefs, aux désagréments, aux tragédies et autres, on peut tempérer ses émotions et susciter un discours plus rationnel sur les origines du mécontentement.

L'APPEL STOÏCIEN en faveur d'une régulation des émotions a souvent été dénaturé au cours des siècles et c'est en grande partie l'une des raisons de la réaction contre la pensée stoïcienne au cours de la période de l'histoire européenne qui s'étend de la Renaissance aux Lumières. Les penseurs de l'époque ne croyaient tout simplement pas que la négation des passions conduirait à un meilleur mode de vie. Mais il s'agit là d'une idée fausse, car les stoïciens ne prêchent pas le désaveu et la négation totale des émotions. Comme nous l'avons déjà noté, Sénèque pensait que toute tentative de modérer ses émotions était vouée à l'échec car celles-ci, par nature, existaient en dehors du domaine de la raison et ne pouvaient donc pas être contrôlées par la seule pensée raisonnable.

Plutôt que de se débarrasser complètement des émotions, la philosophie stoïcienne soutient qu'en tempérant nos réactions et nos perceptions, en ignorant les notions préconçues et les normes sociétales liées à des choses telles que la commission d'un crime ou l'existence de la corruption, nous pouvons changer la manière dont ces maux nous affectent. Nous pouvons apprendre à adopter une position d'apathie stoïcienne à l'égard des passions tant positives que négatives, et ainsi acquérir la sagesse du sage prêchée par Zénon. Cette notion apparaît fréquemment à travers les âges, d'Épictète à Sénèque, et constitue une pierre angulaire de la philosophie.

En un sens, la force d'âme contre les émotions négatives est la finalité de la philosophie stoïcienne. Dans un monde assailli par les maux des émotions humaines corrompues et les actions dérivées précipitées par ces émotions, le stoïcisme offre une issue à ceux qui cherchent à s'améliorer et, par extension, à améliorer le monde qui les entoure. C'est pourquoi Sénèque soutient que le sage ne réagit pas négativement aux maux de la condition humaine tels que le vice, la guerre et le chagrin du deuil, mais au contraire, " met un sourire... car sa gaieté donne de l'espoir " (Vogt, 2016).

. . .

Ses pensées à cet égard sont un parfait exemple de la manière dont le stoïcisme existe dans le monde, non seulement comme une philosophie à débattre entre intellectuels, mais aussi comme un guide pour enseigner au profane comment mener une vie vertueuse dans le but de se faire du bien à lui-même et à son entourage. Une situation défavorable peut survenir, mais en ajustant sa perception de cette adversité, on se libère de l'idée préconçue selon laquelle un apport négatif doit entraîner un résultat négatif.

Dans la vision stoïcienne du monde, un mal n'est pas réparé par un mal supplémentaire, et la seule façon d'affronter rationnellement l'adversité est de se rappeler qu'en ne laissant pas sa réaction émotionnelle au stimulus s'emballer, on peut supporter même l'épreuve d'Épictète dans les fers, ou de Sénèque dans la cour folle d'un empereur meurtrier.

Le naturalisme et la vision stoïcienne du monde

Il est impossible de discuter du naturalisme des stoïciens sans parler de leur croyance en des dieux. Pour les stoïciens, l'univers est de nature divine, régi par les principes d'une ou plusieurs divinités et servant les objectifs fixés par ces dernières. Les humains s'intègrent dans ce monde en tant que créatures rationnelles, douées de notre rationalité par un dieu bienveillant. Ainsi, des philosophes tels qu'Épictète considèrent la pensée humaine comme une sorte de ramification de la même providence divine qui est à l'œuvre dans l'ordonnancement de l'univers. Pour les stoïciens, Dieu représente la vie et la vitalité de l'univers et existe à la fois corporellement et en tant que substance divine en nous.

. . .

L'une des curiosités de la physique stoïcienne réside dans l'orientation biologique de leurs vues sur la nature des divinités. Pour les stoïciens, Dieu (ou les dieux) étaient des êtres matériels, composés des mêmes atomes que ceux qui constituent le monde, l'homme et le cosmos. En outre, la nature des divinités est comparée à un feu, qui apporte vie et chaleur à ce qu'il s'efforce de créer.

Parce que les divinités des stoïciens étaient des êtres entièrement rationnels, et que la disposition rationnelle de l'univers découle de la nature rationnelle de la divinité responsable de sa création, les anciens disciples de Zénon décrivaient Dieu comme une sorte de "souffle chaud" ou de *pneuma* ardent. Cette définition peut, en grande partie, s'inspirer des premières théories médicinales hellénistiques, et leur recours à un cosmos aussi orienté vers la biologie établit une dissonance doctrinale majeure entre les autres philosophies de l'époque.

Les épicuriens croyaient que les dieux étaient matériels, un peu comme les stoïciens, mais pour eux, les divinités n'étaient pas des êtres rationnels qui insufflaient leur rationalité à leurs propres créations. Les épicuriens croyaient plutôt que l'ordre du cosmos était aléatoire, qu'il était le résultat d'une collision atomique telle que la comprenaient les Grecs de l'Antiquité, et que la divinité créatrice était un être insensible qui s'était depuis longtemps détaché des destins et des tempéraments de l'humanité.

Dans le christianisme, Dieu est une divinité bienveillante et consciente qui n'est pas différente de l'incarnation stoïcienne, mais les similitudes s'arrêtent là. Le dieu chrétien est totalement distinct de l'homme individuel. Cela fait une grande différence dans la manière dont ces deux écoles de pensée interagissent avec la question de la providence. Les stoïciens affirment que, dans un sens, nous avons tous une part de dieu en nous. Nous contenons tous cette graine de rationalité dont nous avons été dotés par un dieu rationnel. Les chrétiens, en revanche, considèrent que Dieu est un état de perfection inaccessible auquel l'homme ne peut aspirer.

La vision STOÏCIENNE des divinités et de leur nature a PEUT-ÊTRE contribué à la longue survie de cette philosophie en tant que mode de vie. En prenant les pouvoirs d'une divinité et en les instillant dans l'âme même de l'humanité, les stoïciens créent une vision du monde qui permet à ses adhérents de participer à l'ordre divin des choses, plutôt que de rester des observateurs passifs.

L'INACCESSIBILITÉ du dieu chrétien et la nature indifférente du dieu épicurien rendent l'interprétation stoïcienne de ces thèmes plus invitante et plus propice à l'amélioration de soi. En plaçant les qualités du dieu au cœur de l'âme humaine, la philosophie stoïcienne engendre un plus grand sens de l'action dans la détermination de son destin. Les mêmes "processus de pensée", faute d'un meilleur terme, qui étaient à l'œuvre dans la création de l'univers le sont aussi dans la création de la pensée, des émotions et de la personnalité humaine.

CELA A UN effet STIMULANT sur le croyant en ce sens qu'il fait place à l'"unicité" universelle qui est cruciale pour l'état d'esprit stoïcien en ce qui concerne l'organisation de l'univers. Parce que la divinité rationnelle responsable de la création de l'univers a doté sa création de ses propres caractéristiques, tout dans l'univers existe avec une sorte d'harmonie qui informe les notions stoïciennes telles que la primauté de la rationalité.

Sénèque a également beaucoup écrit sur la loi naturelle telle qu'elle est perçue par la philosophie stoïcienne, tant en ce qui concerne son respect en tant que source de crainte pour les humains que sa position par rapport à la vision déterministe du monde prônée par cette philosophie.

Pour Sénèque, le " fœtus contient déjà le germe de sa mort, les commencements du monde contiennent sa fin " (Vogt 2016). Pour mettre cette position en accord avec le reste de la philosophie, on peut affirmer que si le monde est un lieu déterministe par sa nature même, en tant que produit d'un ordonnancement rationnel et raisonnable ordonné par Zeus, alors les forces de la nature et les effets de ces forces sur le monde humain peuvent être considérés par le stoïcien de la même manière que l'acquisition d'argent ou de biens : ce n'est ni bien ni mal, mais indifférent.

Elle entre dans le champ des choses qui ne peuvent être contrôlées, et devrait donc servir le stoïcien en lui rappelant que les aspects de la mort et des catastrophes naturelles sont préordonnés par les divinités et constituent des jugements définitifs sur lesquels l'homme n'a aucun pouvoir. Mise en œuvre dans son cadre moral, cette notion permet au stoïcien de considérer la mort, non pas comme une tragédie, mais plutôt comme une sorte de rite ou de rituel auquel tout le monde participe, dont tout le monde fait partie.

. . .

Pour Sénèque, le but du monde naturel est de rappeler à l'humanité sa propre mortalité. Les saisons de l'année, les dangers de la marée haute, les événements apparemment aléatoires du monde de la Grèce antique tels que les tremblements de terre ou les éruptions volcaniques ne sont que des incarnations de la providence divine qui a mis le monde en mouvement en premier lieu. Cette idée est utilisée pour étayer les arguments d'égalité avancés par de nombreux penseurs stoïciens. Si la mort est le grand égalisateur, et une expérience partagée par les riches et les pauvres, les libres et les esclaves, alors dans quelle mesure les positions sociales occupées par une personne au cours de sa vie déterminent-elles réellement la qualité de vie de cette personne?

Cet idéal trouve un écho dans les *Méditations* de Marc-Aurèle lorsqu'il pose la question de "la providence ou des atomes" comme facteur déterminant de l'ordre de l'univers. Que l'univers et son contenu suivent ou non le mode de pensée stoïcien - être conçu par la providence - ou l'idée épicurienne selon laquelle ils sont le produit de collisions atomiques dans un vide spatial autrement aléatoire, Marc Aurèle utilise la vision stoïcienne du monde pour faire valoir que les attributs de la société contemporaine dans la Rome du deuxième siècle doivent être indifférents parce qu'il n'existe pas de répartition raisonnable de ces ressources entre les hommes bons et mauvais.

Il s'agit d'un exemple de Marc-Aurèle se débattant avec les enseignements stoïciens dans son journal et tentant de parvenir à une résolution philosophique sur la nature du bien et du mal, en utilisant le cadre d'esprit naturaliste proposé pour la première fois par Zénon. Il plaide en faveur d'un monde providentiel et affirme que la poursuite du bonheur par l'excès hédoniste doit être une porte vers un faux bonheur, simplement parce que de telles poursuites ne sont pas conformes à la croyance stoïcienne sur la physique du monde. Selon lui, si la richesse n'est pas distribuée de manière égale conformément à la rationalité et à la vertu de l'homme, la poursuite de telles choses ne doit pas être "bonne" au sens stoïcien original du terme. Ces poursuites iraient à l'encontre de l'ordre naturel, et elles constituent un effacement de la divinité de l'arrangement providentiel du cosmos et du monde.

L'IDÉE QUE DIEU EST au cœur du monde naturel et humain est un principe fondamental de la vision écologique du monde des stoïciens, mais elle ne résume pas toutes leurs réflexions sur la nature fonctionnelle de notre monde. Les stoïciens croyaient également en la nature cyclique de la planète, comme en témoignent le cycle de vie humain et d'autres observations empiriques du monde qui les entoure, et ces croyances avaient des implications dans leurs diatribes éthiques et philosophiques.

CETTE RECONNAISSANCE de la structure cyclique du monde a ensuite alimenté leurs réflexions sur la causalité et le déterminisme et a constitué un élément d'information de base, considéré comme une prémisse acceptée, lorsqu'ils ont discuté ou débattu du rôle de Dieu dans la détermination des événements de l'univers.

POUR LE STOÏCIEN, malgré le fait que le monde dans lequel nous vivons est fortement déterminé par les événements, les personnes et les choses qui nous ont précédés et qui ont contribué à façonner le milieu dont nous avons hérité, les actions qu'une personne choisit d'entreprendre sont tout autant le produit de sa propre prise de décision, de sa propre expérience et de ses propres vertus qu'une fonction du destin ou du déterminisme.

En EFFET, pour un stoïcien, les réactions, la volonté et les pensées de chacun dépendent entièrement de soi, et la nature déterministe de l'univers n'équivaut pas à un monde dans lequel les gens n'ont aucun pouvoir sur leurs actions ou leurs pensées.

LE STOÏCISME MODERNE

Comme nous l'avons mentionné plus haut, le stoïcisme, en tant que philosophie, cadre éducatif et mode de vie, était très présent dans le monde antique, de la Grèce à Rome. Ses influences sont très répandues, et l'accessibilité des enseignants de l'Antiquité, qui organisaient des séminaires et des discussions dans des espaces publics, offrait au public une vision de la philosophie en action que les penseurs antérieurs, tels qu'Aristote et Platon, ne pouvaient offrir à la population en raison de la confidentialité de leur vie privée et de l'organisation des institutions éducatives de la Grèce antique.

PARCE QUE ZÉNON ÉTAIT un iconoclaste qui cherchait à bouleverser le monde intellectuel par son mode de vie et ses enseignements, il est devenu un personnage public pour les habitants d'Athènes et ses enseignements ont été rappelés et suivis par un grand nombre de personnes.

. . .

Au-delà de l'Antiquité, le stoïcisme semble être tombé en désuétude et avoir été largement ignoré ou oublié au cours des siècles d'hégémonie chrétienne du Moyen Âge. Les questions de la corporéité de Dieu et de la nature physique de l'âme troublaient les philosophes du Moyen Âge et ces opinions étaient souvent considérées comme contradictoires avec les enseignements de l'Église, flagrantes et offensantes pour ceux qui étudiaient l'art de la connaissance dans les monastères, sous l'œil vigilant des abbés qui contrôlaient les moyens de publication et de diffusion de l'information à une époque où la technologie de l'imprimerie était inexistante.

Ces contradictions entre l'ancien mode de pensée et la vision du monde judéo-chrétienne plus moderne ont donné naissance à une école de pensée aux XVIe et XVIIe siècles, connue sous le nom de néostoïcisme.

Les néostoïciens étaient un groupe de philosophes qui cherchaient à fusionner les deux discours en un seul champ d'études unifié qui incarnerait les enseignements des deux disciplines tout en fournissant aux adhérents un moyen de donner un sens à la violence religieuse drastique et brutale qui a balayé l'Europe dans les années 1500 et au début des années 1600. Le père fondateur du néostoïcisme, Justus Lipsius, était né catholique dans l'actuelle Belgique, mais il a modifié sa foi et changé d'allégeance à plusieurs reprises au cours de sa vie. Pour cette raison, de nombreux contemporains ont critiqué sa philosophie et ont cherché à minimiser l'importance de son travail.

Malgré le désaveu contemporain de ses principes religieux, Justus Lipsius est devenu un philosophe de renom et a laissé une empreinte durable sur l'étude du stoïcisme grâce à son travail d'analyse de Sénèque.

À BIEN DES ÉGARDS, L'époque à laquelle il a vécu a affecté le cours de ses penchants philosophiques, et aujourd'hui, on se souvient de lui comme d'un antidote à la brutalité de philosophes comme Machiavel (Papy, 2019). Défenseur de longue date du monarchisme fondé sur les principes stoïciens, il a publié des écrits politiques visant à subvertir l'idée promulguée dans le livre fondateur de Machiavel, *Le Prince*.

La MONARCHIE ABSOLUE NE DEVRAIT PAS ÊTRE FONDÉE sur l'acquisition du pouvoir, selon Lipsius, mais plutôt sur les réponses émotionnelles tempérées et stoïques d'un souverain vraiment juste.

COMPTE TENU DE l'époque à laquelle il vivait, il n'est pas difficile d'imaginer pourquoi Justus Lipsius a voulu écrire sur les origines du pouvoir politique et l'équilibre des pouvoirs entre les monarques absolus et les sujets sur lesquels ils régnaient. Avec la guerre civile qui sévissait sur le continent européen, les exaltations philosophiques du régicide et de la révolte étaient monnaie courante et de nombreux auteurs soutenaient - à la manière des proto-Américains - que la capacité du peuple à renverser un souverain injuste était le seul moyen d'empêcher les souverains de devenir injustes. Pour Lipsius, c'était un affront aux enseignements de Sénèque. Il proposait qu'en éduquant la royauté d'Europe à ces enseignements, la nécessité de la rébellion deviendrait caduque et que l'harmonie envisagée pour la première fois près de deux mille ans auparavant dans la *République* de Zénon deviendrait une réalité plausible.

. . .

Bien que Lipsius n'ait jamais réussi à provoquer l'essor de la monarchie stoïcienne, ses enseignements sont restés influents pendant des siècles après sa mort, et d'éminents philosophes moraux des périodes ultérieures sont redevables à son œuvre pour leurs propres conceptions de la justice, de la vertu et de la nature humaine.

Ses écrits ont jeté les bases du mouvement humaniste et du siècle des Lumières et, à bien des égards, ont propagé les enseignements stoïciens originaux, même s'il a tenté de les fusionner avec l'éthique chrétienne, avec laquelle ils étaient manifestement incompatibles.

Au cours des dernières décennies, le stoïcisme a connu une nouvelle renaissance et est redevenu une école de pensée active dont les praticiens cherchent à améliorer leur propre vie et celle de leur entourage. Il a évolué par rapport à l'incarnation originale de Zénon pour s'appliquer davantage à la vie dans le monde moderne, mais ses principes fondamentaux restent les mêmes : le monde agit selon sa propre nature et, en tant que participants à ce monde, nous sommes soumis à cette nature, pour le meilleur ou pour le pire. La place du sage dans le monde n'est pas de s'inquiéter de ce qui ne peut pas être changé, mais de modifier ce qui peut l'être afin d'atteindre le bonheur stoïcien.

Cela s'incarne dans les applications pratiques de la psychothérapie et de la thérapie cognitivo-comportementale et, en fait, nombre de ces discours psychologiques sont influencés par ou fondés sur certains des principes énoncés par les philosophes stoïciens de l'Antiquité. Des techniques et disciplines psychologiques antérieures à la thérapie cognitivo-comportementale, comme la thérapie rationnelle-émotive (RET) d'Albert Ellis, sont pratiquées depuis 1955 et sont fortement influencées par les travaux des philosophes stoïciens (Ellis, 2007).

Dans la suite de cet ouvrage, nous nous appuierons sur ce que nous avons appris sur les stoïciens, leurs pensées et leurs vies, ainsi que sur l'époque à laquelle ils vivaient, pour tenter de retracer l'application de cette école de pensée aux XXe et XXIe siècles, et d'examiner ce nouvel amalgame de discours philosophiques et psychologiques à la recherche de méthodes pouvant être utilisées dans l'intérêt d'une vie plus productive et positive.

Vous n'avez pas toujours le contrôle

Albert Ellis, le père du RET et l'un des principaux partisans précoces de la pensée stoïcienne dans la psychologie moderne, soutient que les humains sont poussés à l'action non seulement par leur propre savoir et leur propre être, mais aussi par le monde qui les entoure. Les réponses individuelles à des stimuli donnés sont les descendants causaux non pas d'une observation passive du monde, mais du désir constant du sujet de créer une réalité personnelle autour de lui. Les perceptions jouent un rôle important dans ce cadre, et les notions d'Ellis s'inspirent largement des premières pensées stoïques liées au thème du désir. Les troubles émotionnels engendrés par l'incapacité à atteindre des objectifs, le manque de succès ou la myriade d'autres malheurs auxquels nous sommes confrontés dans notre monde moderne aujourd'hui, trouvent leur origine dans les mêmes problèmes qu'Épictète et Zénon ont rencontrés dans leurs propres cultures.

Fondamentalement, les souhaits et les désirs ne sont pas toujours conformes à la réalité. De même que les stoïciens soutenaient que le monde existe en dehors de l'humanité et agit sur elle, et que la seule réponse rationnelle de l'humanité à de telles actions consistait à changer de perspective en passant du changement du stimulus au changement de la *réaction au stimulus*, de même le RET d'Ellis soutient que les conditions émotionnelles surviennent lorsque les gens refusent de limiter leurs attentes ou ne parviennent pas à prendre le monde tel qu'il est vraiment, comme une entité hors de leur propre contrôle.

Alors, quelles sont les implications d'un monde échappant au contrôle de l'homme ? Il est certain qu'à l'ère postmoderne, à l'ère numérique, l'activité humaine a un impact si fort sur "le monde" que même notre climatologie et le déroulement des catastrophes naturelles semblent en être affectés. Cela semble éloigner les arguments de Zénon, de Sénèque et de Marc Aurèle de l'Antiquité, mais leurs leçons sont-elles vraiment valables dans l'arène moderne ? Il semblerait que, si l'on considère l'humanité dans son ensemble, une grande partie des maux du monde soient fermement sous notre contrôle, mais cela serait considéré comme une illusion à la lumière de la philosophie stoïcienne.

Bien qu'il puisse sembler que les "gens" aient un grand contrôle sur le cours de l'histoire, les individus sont souvent laissés avec peu ou pas d'agence dans un monde qui est de plus en plus automatisé, de plus en plus dépourvu d'interaction humaine. Pour adhérer à la pensée stoïcienne originelle, il faudrait d'abord accepter que le cours de l'histoire agit sur les humains, et non l'inverse.

Il s'agit d'une pensée vraiment négative, lorsqu'elle est abordée à travers les discours sur les valeurs modernes, et elle est particulièrement contestable pour la vision individualiste du monde américaine qui a dominé les derniers siècles. Mais envisager cette réflexion sous un angle différent reviendrait à réorganiser la perspective de l'argument : certes, nous ne contrôlons peut-être pas tout, et une grande partie de ce que nous ne contrôlons pas modifie ou affecte effectivement le cours de nos vies, mais cette réalité donne au stoïcien moderne un sentiment de liberté par rapport à l'anxiété et au stress qui sont si souvent associés au stress de la vie moderne.

S'il est facile de se complaire dans le désespoir face à des automobiles défectueuses, à la frénésie des transports publics, aux pénuries alimentaires, à la guerre et au fantôme de l'ère impériale qui brouille encore les pistes de l'ère numérique, il est absolument difficile de considérer ces facteurs de stress comme irremplaçables, innés dans l'expérience de l'homme moderne. Mais si nous embrassons les enseignements stoïques de jadis, nous pouvons en venir à voir que le fait de ne pas avoir de contrôle sur ces facteurs de la vie nous donne la liberté de décider comment nous voulons réagir.

Et, comme tant de philosophes stoïciens l'ont affirmé dans le passé, changer notre façon de réagir, c'est réinitialiser tout le paradigme de l'humanité en tant que conglomérat sans agent.

Peut-être qu'en refusant d'être ébouriffés par les épreuves de la vie, nous pouvons arriver à un point de reconnaissance où nous admettons que ces mêmes épreuves qui causent tant de détresse ne sont, en fait, qu'une autre couche de la vie, et, en tant que telles, sont facilement ignorées comme étant seulement tangentielles à notre état de bonheur.

Bien sûr, le monde n'est pas sous votre contrôle, mais en embrassant le stoïcisme, cela cessera d'avoir de l'importance. La seule chose qui importera au sage stoïcien moderne sera *sa* réaction au monde. Lorsque cette réalité atteint son plein potentiel, il devient impossible de s'enliser dans les aléas de la vie, car ce qui compte, c'est que nous avons le contrôle de nos émotions, et que nos émotions, à leur tour, sont responsables de notre bien-être et de notre bonheur.

Tirer le meilleur parti du pire : Se conformer à sa réalité

À l'époque moderne, nombre des doctrines originales de Zénon sont tombées en désuétude et ne sont plus considérées comme essentielles au maintien du bonheur ou de la vertu. À l'origine, la voie du sage était entravée par une adhésion intransigeante aux lois de la nature qui, telles qu'elles étaient définies par les premiers stoïciens, impliquaient de vivre de manière rationnelle et en accord avec leur vision du discours éthique.

Compte tenu des progrès scientifiques et des réalisations culturelles de l'humanité au cours des millénaires écoulés, la vision du monde et la perception des lois de la nature telles que définies par les premiers stoïciens peuvent difficilement être considérées comme une doctrine. Plutôt que de décider de vivre en accord avec les lois de la nature universelle, le stoïcisme moderne a décrété que l'univers est manifestement et abjectement indifférent à l'homme.

Cela soulève évidemment des questions troublantes pour les adeptes de l'ancienne voie, car les ténors de la philosophie stoïcienne des périodes classique et hellénistique étaient tous d'accord pour dire que la rationalité de l'univers représentait une sorte de rationalité de l'esprit humain, et que, les deux étant organisés par le même être, ils étaient, en un sens, de même nature. Les atrocités commises par l'homme à l'encontre de ses semblables, bien qu'elles ne soient pas absentes du monde antique, sont devenues des rappels clairs et nets de la naïveté des anciens philosophes, et constituent la preuve que le monde ne peut être considéré comme un objet fondamentalement rationnel ou bon.

Le stoïcisme moderne cherche à attacher sa philosophie à la vie quotidienne d'une manière similaire à celle du Zénon d'autrefois, mais avec des objectifs différents. Plutôt que de chercher à être en harmonie avec un monde qui est clairement inharmonieux, les partisans du stoïcisme moderne implorent leurs adhérents d'être en harmonie avec leur propre monde.

L'école du stoïcisme moderne, de cette façon, est une doctrine introspective d'amélioration de soi plus qu'elle ne cherche à être un exemple de pensée qui guérirait les maux du monde. On peut presque dire que les échos de Zénon se sont déformés au fil des ans et qu'à l'époque moderne, ses enseignements visent à rendre le monde meilleur en rendant ses habitants meilleurs, et cela ne peut se faire qu'en étant d'abord en paix avec le monde social, culturel, émotionnel, politique et psychologique dans lequel les individus résident.

AFIN D'être en paix et dans un état d'acceptation par rapport à son environnement personnel, un individu doit chercher à comprendre que les choses qui ne peuvent être changées ne doivent pas subir la tentative. Plutôt que de gaspiller de l'énergie sur un projet infructueux, le stoïque se contente d'accepter l'adversité pour ce qu'elle est, et de se débarrasser des réactions émotionnelles passionnelles de son lexique psychologique face à l'adversité inaltérable.

CETTE PHILOSOPHIE LIBÈRE L'énergie et la créativité qui peuvent être consacrées à des utilisations plus efficaces et plus raisonnables du temps et de la matière grise. Si Ellis a raison de supposer que les attentes irréalistes et les ultimatums à la place des objectifs sont le germe de nombreux types de névroses, alors le fait de se conformer à sa propre réalité personnelle pourrait aider à surmonter les tribulations associées aux principaux diagnostics psychologiques (Ellis, 1991).

DANS CETTE OPTIQUE, posséder sa propre réalité signifie s'accommoder de ses propres compétences, de sa propre morphologie, de son propre passé et de son éducation, et décider de la meilleure façon d'utiliser ces attributs pour son propre bénéfice. Ce n'est que par cette voie que quelqu'un peut favoriser l'agence. Si l'on s'insurgeait contre les attributs inaltérables de soi, ils apparaîtraient dans le paysage psychologique comme des obstacles insurmontables empêchant le développement personnel et émotionnel. Ils deviendraient les facteurs de stress mêmes que le penseur éclairé cherche à combattre.

Le développement de l'autonomie par l'acceptation de soi est un principe important de la nouvelle forme de stoïcisme. En développant l'autonomie et la capacité d'agir sur notre propre environnement par la pensée et l'action, nous nous donnons la possibilité d'exercer le libre arbitre.

Libre arbitre et réponse émotionnelle

Le libre arbitre est un principe central de nombreuses philosophies majeures qui ont captivé l'imagination humaine depuis l'époque des grands philosophes de la Grèce. Les chrétiens l'ont accepté comme un héritage des anciens savants, et il a servi de fontaine principale d'où jaillit le mal dans le monde. Le philosophe allemand du 19e siècle a trouvé une oreille attentive en la personne de Frederick Nietzsche lorsqu'il a déclaré que "l'intellect n'est pas un miroir du monde, mais un instrument de la volonté" (Ure, 2009). Théoriser l'intellect de l'homme comme un outil utilisé par notre propre volonté permet de libérer le concept de libre arbitre de l'idée qu'il est affecté négativement par nos émotions.

L'histoire d'Eve dans le jardin d'Eden est une histoire connue dans le monde entier comme une attaque accablante contre la beauté du libre arbitre. Pour les théologiens chrétiens, c'est l'intempérance d'Eve et son manque de volonté qui l'ont amenée à accepter l'offre du serpent, ruinant ainsi l'innocence de l'humanité et établissant la doctrine selon laquelle le libre arbitre doit être régi par la morale chrétienne. Dans ce paradigme, le libre arbitre est soit le produit, soit la cause de l'interférence émotionnelle associée à la passion humaine.

Le libre arbitre est vu par les stoïciens sous un jour différent. Depuis Épictète, la volonté de l'homme est considérée comme un attribut positif. Elle nous rend responsables de nos actes et nous donne le degré crucial de liberté que les humains associent à leur état le plus naturel.

La capacité de penser par nous-mêmes, de définir nos propres réalités et de construire des cadres de discours éducatifs, psychologiques et philosophiques dépendent tous de notre liberté de choix. Pour le stoïcien moderne, il s'agit d'un outil puissant pour aider à gérer une vie stressante dans l'atmosphère frénétique d'aujourd'hui. La maxime selon laquelle notre volonté de choisir, notre capacité à délibérer et à choisir ce qui nous convient le mieux, est inhérente à nos identités personnelles nous permet de réfléchir non pas au rôle des émotions dans la détermination de notre volonté, mais plutôt au rôle de notre volonté dans la détermination de nos émotions. Il est facile de perdre le contrôle de ses émotions face à un stress apparemment insupportable, mais en nous rappelant que nous sommes toujours responsables de cette perte de contrôle et que nous avons le *pouvoir* de choisir autrement, nous pouvons atténuer les sentiments de colère et de désespoir lorsqu'ils surviennent à la suite de circonstances négatives.

Bien qu'il ne soit pas lui-même un stoïcien, l'éminent philosophe du XIXe siècle Frederick Nietzsche a tenté, par ses travaux, d'établir une thérapie philosophique pour ceux qui ne trouvaient aucun soulagement dans un monde voué à la destruction du bonheur individuel, et a proposé que les émotions "dérivent de l'évaluation de notre pouvoir de façonner ou de contrôler le monde extérieur et l'enregistrent" (Ure, 2009).

C'EST de l'incapacité de l'homme à comprendre son incapacité à façonner tout ce qui existe dans le monde extérieur que jaillissent les émotions négatives qui font obstacle au bonheur, à la productivité, à la libre pensée et à tout ce qui est associé aux individus heureux et prospères. Cette confusion fait place au désespoir et à la création d'artifices et de constructions visant à créer l'illusion du contrôle, comme la déification des schémas météorologiques et des catastrophes naturelles commune à pratiquement toutes les cultures anciennes.

MAIS POUR ABORDER ce dilemme avec une nouvelle perspective sur le libre arbitre, nous pouvons commencer à comprendre comment une volonté inébranlable peut contourner le désespoir décrit par Nietzsche. Après tout, nous avons la volonté de choisir nos pensées, ce qui engendre la volonté de décider si nous nous attaquons ou non à notre inefficacité personnelle en premier lieu. En choisissant - un acte de libre arbitre - de ne pas considérer les circonstances négatives comme une cause d'alarme, nous choisissons effectivement d'entraver notre lien émotionnel avec la situation qui donne lieu à la réaction de stress.

En PLAÇANT LE libre arbitre en position de primauté lorsqu'on examine sa relation avec l'émotion humaine, on donne à l'individu plus d'autonomie pour déterminer le résultat de ses efforts et de ses espoirs, car on supprime la couche d'incertitude qui résulte d'une réaction trop émotionnelle. Cela aide à garder l'esprit clair et la capacité de débattre rationnellement d'une circonstance et fournit au sage un outil précieux dans son arsenal de techniques pour supporter les luttes du monde moderne d'une manière philosophiquement vertueuse.

MISE EN ŒUVRE DU STOÏCISME

*L*es stoïciens, à travers les âges, ont fait valoir l'inutilité de la recherche philosophique si elle n'entraînait pas un changement mesurable dans les actions ou le mode de vie d'une personne. Depuis les premiers stoïciens jusqu'aux revivalistes tels que Justus Lipsius, les philosophes stoïciens ont longtemps été partisans de fournir à leur public des idées proscriptives sur la manière d'appliquer leurs philosophies dans le "monde réel". Avec l'avènement du stoïcisme moderne, cet effort de prospection visant à fournir aux lecteurs et aux chercheurs des schémas pour mettre en œuvre les changements qu'ils souhaitent apporter a pris la forme de thérapies psychologiques et de dialogues portant sur les circonstances qui entourent les bouleversements émotionnels.

DEPUIS LE STOÏCIEN MODERNE ORIGINAL, Albert Ellis, et sa thérapie émotionnelle rationnelle, jusqu'à d'autres incarnations de la thérapie cognitivo-comportementale qui s'articulent autour de la maxime stoïcienne selon laquelle les émotions négatives naissent de pensées négatives, bon nombre des principaux spécialistes qui publient aujourd'hui sur le stoïcisme moderne s'accordent à dire que la dépression et les perspectives négatives sont le résultat d'une vision désaxée de la façon dont le monde *devrait être*.

MALHEUREUSEMENT POUR CEUX QUI souffrent de dépression en raison des quatre cadres définis par Ellis, nous n'avons aucun contrôle sur la façon dont le monde devrait être, nous n'avons pas notre mot à dire sur sa fonction, sauf lorsque cette fonction recoupe nos propres actions et nos vies. Plus important encore, même l'affirmation selon laquelle le monde est ou n'est pas tel qu'il devrait être pour cultiver le bonheur est basée sur une supposition incorrecte selon laquelle le monde devrait être d'une manière particulière.

SI nous ne sommes pas en mesure d'accepter cette explication en raison de notre modernité ou de notre incrédulité à l'égard des puissances supérieures, nous devons néanmoins en déduire que le monde est façonné par les machinations de l'histoire qui se déroulent des siècles avant notre époque. Cela n'implique certainement pas que les humains ne peuvent rien faire pour s'améliorer ou améliorer le monde et, en fait, la fusion de la psychologie et de la philosophie telle qu'elle est incarnée par le stoïcisme moderne représente une tentative en ce sens. La méthodologie est peu orthodoxe : La RET et ses descendants cognitivo-comportementaux sont tous issus de la notion stoïcienne selon laquelle certains aspects des fonctions du monde échappent à notre contrôle, et ces types de psychothérapie sont tous fermement attachés à la notion selon laquelle pour changer nos pensées, nous devons d'abord modifier nos associations et congruences mentales de longue date.

. . .

CELA NE SIGNIFIE PAS que le stoïcisme moderne est incapable de changer le monde, mais qu'il le fait par des voies indirectes en cherchant à modifier la perception du monde par ses adeptes.

DIVERS CHERCHEURS de notre époque contemporaine ont repris l'étendard du stoïcisme et prôné un retour à la simplicité, une vision du monde introspective et une grande considération pour les règles de la logique et de la raison. L'adoption de ce point de vue est bénéfique pour les individus et les sociétés, et la fusion des thérapies comportementales avec les enseignements philosophiques des stoïciens tels qu'Albert Ellis, Aaron T. Beck et Lawrence Becker permet d'apporter ce nouveau cadre de pensée aux personnes qui en ont le plus besoin : celles qui souffrent d'anxiété, de dépression, d'apathie et de léthargie.

Les ENSEIGNEMENTS du stoïcisme moderne sont multiples et variés, et nous consacrerons le prochain chapitre à l'examen de certaines des applications actuelles des principes stoïciens dans la psychologie moderne.

POURQUOI S'EMBÊTER ? L'intérêt du stoïcisme

En tant que stoïciens modernes, nous cherchons à appliquer nos propres pensées rationnelles et nos émotions tempérées à un monde qui est tout sauf rationnel. Ces efforts peuvent être futiles, épuisants et, pendant de longues périodes, infructueux. Mais lorsque nous réussissons à mettre en œuvre le mode de vie stoïque dans nos actions quotidiennes, nous offrons au monde un exemple de la façon de prendre du recul et d'apprécier les complexités de la vie pour ce qu'elles sont : un réseau de relations, une série de circonstances et de stimuli interconnectés qui agissent sur nous et nous piègent comme des toiles d'araignée. Seule la voie du sage stoïque peut nous préparer aux épreuves trépidantes et frénétiques du monde moderne, en renforçant notre volonté et en nous libérant des enchevêtrements émotionnels qui entraînent tant de gens dans la boue du potentiel perdu.

ÊTRE STOÏQUE, C'EST ACCEPTER L'ÉCHEC. Être stoïque, c'est renoncer à tout contrôle et, surtout, à tout *désir* de contrôle. Cela signifie que vous êtes prêt à regarder un univers chaotique, mal planifié et insouciant et à sourire à la conflagration, reconnaissant pour le spectacle visuel et l'aventure sauvage. De nombreux sages des époques précédentes ont fait remarquer l'incapacité du sage à se mettre en colère, ou sa détermination inébranlable face à des horreurs et des tragédies stupéfiantes. Aujourd'hui plus que jamais, leurs enseignements d'antan deviennent une condition préalable à la vie dans un monde qui semble s'accélérer, s'encombrer et éloigner les gens les uns des autres.

Mais NOUS N'AVONS aucun contrôle sur cela, comme nous le savons maintenant. Nous sommes en passe de devenir stoïques, et les implications de nos enseignements nous rappellent que la toile enchevêtrée du monde et de ses passions est un piège qui se resserre autour de notre cou si nous le permettons, et que nous n'avons aucun contrôle sur ce nœud.

CE QUE NOUS contrôlons, c'est si nous y mettons notre nez ou non. C'est cela qui compte. C'est ce que nous devons accepter si nous voulons vivre à la manière du sage stoïcien, marcher sur les traces de Zénon et d'Épictète, de Marc-Aurèle le roi philosophe et de Juste Lipse. Nous n'avons pas besoin de réparer le monde, et nous n'avons pas besoin de *nous réparer nous-mêmes*. Ces deux choses sont comme elles sont, préordonnées ou non, déterministes ou libres. La seule chose sur laquelle nous avons un pouvoir est le cours de la pensée dans notre esprit et la direction que prend cette pensée. Et qui sait ? Peut-être qu'en suivant l'exemple du sage stoïcien, nous pouvons changer le monde et mettre en œuvre les philosophies de Zénon de Citium de manière à créer, sinon un monde parfait, du moins un monde tempéré, un monde dans lequel la rationalité exerce sa volonté sur les émotions et dans lequel notre société a renoncé à ses nobles espoirs de grandeur, se contentant plutôt de passer ses journées dans la contemplation et la méditation.

Ainsi, afin d'atteindre ce niveau de sagesse sagace, nous allons décomposer certaines des façons dont le stoïcisme a déjà été appliqué, et peut-être travailler à une certaine synergie modale qui donnera lieu à une définition unifiée et cohérente de ce que signifie être un sage à l'ère moderne, et comment cette sagesse peut changer votre vie pour le meilleur.

La logothérapie et les horreurs de l'Holocauste

Peu de personnes au cours de l'histoire de l'humanité ont connu l'étendue du mal inhérent à l'homme comme le philosophe et psychologue Viktor Frankl. Juif autrichien et psychologue dans la première moitié du vingtième siècle, Frankl a été témoin des horreurs de quatre camps de concentration et a enduré des décennies de soumission, de déshumanisation et de désespoir aux mains d'une puissance mondiale qui échappait certainement à son contrôle (Bulka, 1975). En un sens, son histoire est la quintessence du stoïcisme moderne, un rappel brutal des pouvoirs de l'esprit et de la capacité à rester conscient et efficace face aux obstacles les plus effroyables et insurmontables.

PENDANT SON SÉJOUR dans les camps, Viktor Frankl a développé un cadre philosophique qu'il a appelé logothérapie, qui s'est construit sur les bases d'autres grands psychothérapeutes autrichiens tels que Freud, et a finalement abouti à l'axiome selon lequel le sens - et non le plaisir - est la pièce essentielle du puzzle pour une "vie existentiellement viable" (Bulka, 1975). En d'autres termes, c'est la quête de sens qui nous fournit du sens. Le seul problème, selon la théorie de Frankl, est que pour un grand nombre d'entre nous, pendant de nombreuses années de notre vie apparemment longue, nous nous vautrons dans l'insignifiance. Nous n'avons pas de direction précise, et la vaste étendue des mondes physique et émotionnel peut sembler un vide terrifiant et vide face aux atrocités de l'humanité. Personne ne le savait mieux que Viktor Frankl.

MAIS POUR FRANKL, tout comme pour Zénon, Épictète et les stoïciens d'autrefois, la souffrance n'était pas mauvaise en soi, car elle avait la capacité de donner un sens à un monde vide de sens. La souffrance donnait à celui qui en souffrait l'occasion de voir le monde tel qu'il était et de faire amende honorable avec ce monde, plutôt que de s'y opposer avec une fureur désespérée, impuissante et obstructive.

. . .

Sa théorie de la logothérapie, à la fois psychologie pratique et philosophie intellectuelle, donne voix et corps à l'idée de la souffrance en tant qu'agent d'amélioration humaine. Dans une juxtaposition paradoxale, Frankl soutient que ce sentiment d'insignifiance engendré par les épreuves du monde donne à la vie individuelle à la fois un pouvoir d'action et un sens qui découle directement de la méthode utilisée pour faire face à cette insignifiance que nous devons tous affronter.

Dans le plus pur style stoïcien, la logothérapie, telle que définie par Frankl, est une théorie qui loue la culpabilité humaine comme une opportunité d'amélioration, qui considère la finalité de la mort comme un miroir à travers lequel nous pouvons mesurer nos vies, et qui loue l'imperfection comme l'état parfait de l'humanité. Grâce à l'exemple de Frankl, nous pouvons commencer à analyser notre propre quête de sens et à voir à travers une lentille apathique la manière dont le monde agit sur nous d'une manière qui semble aléatoire, malheureuse ou absurde. Il nous fournit un cadre à travers lequel nous pouvons actualiser nos principes stoïciens.

Au cours de sa carrière de psychologue, Frankl a utilisé les principes de la logothérapie pour traiter l'anxiété et la dépression, les troubles obsessionnels compulsifs et, dans certains cas, la schizophrénie. Il croyait en ses méthodes de traitement parce qu'il avait découvert que toutes ces affections, et bien d'autres encore, découlaient d'un dysfonctionnement de la personne qui l'empêchait de se considérer comme un agent. Cela nous ramène au cœur du stoïcisme moderne. Ne pas être un agent, c'est ne pas être capable d'agir sur le monde. Ceux qui ne se considèrent pas comme des agents sont des observateurs passifs du monde et sont accablés par la capacité inépuisable des grandes forces du monde à détruire et à écraser le bien-être de l'individu.

EN RÉORIENTANT LA PENSÉE dans le sens de la logothérapie, le patient doit affronter le vide existentiel de l'absence de sens et comprendre que le "sens de tout cela", le but de notre vie, est de *créer le* sens. Le trouver en nous-mêmes et utiliser nos pouvoirs d'action pour le sculpter dans le vide indifférent.

SA PROPRE VIE est un parangon de vertu en ce qu'elle illustre la force de volonté qui est présente dans toute l'humanité. De même qu'Épictète a bravé les horreurs de l'esclavage et en est sorti avec un calme stoïque et une réserve émotionnelle placide, de même que Sénèque le Jeune s'est échappé des intrigues de la cour de Néron avec sa vie et sa philosophie intactes, de même Viktor Frankl utilise les horreurs d'un homme contre un autre comme catalyseur de la création d'une nouvelle compréhension philosophique de l'homme en tant qu'animal, et créature animée par le désir, le manque et la soif de plus.

DANS SA PHILOSOPHIE, IL n'y a aucun moyen pour l'homme d'échapper totalement au piège de la société. Il n'y a pas de figures solitaires dans une existence solitaire. Il n'y a que la vaste conglomération de l'homme et du monde, où les horreurs que la combinaison engendre n'ont pas besoin d'être désapprouvées et combattues, mais seulement acceptées et utilisées comme un outil grâce auquel nous pouvons mesurer les effets du monde sur notre propre état d'esprit et travailler à limiter cet effet du mieux que nous pouvons.

. . .

Même dans la souffrance, il y a un sens, et c'est finalement le cœur de la philosophie de Frankl, formée dans le creuset de l'Holocauste et de l'horreur d'un monde indifférent. Se souvenir de cette leçon, c'est s'engager sur la voie du stoïque, et pour s'engager sur cette voie, il faut d'abord accepter que notre action est au mieux limitée lorsque nous essayons d'agir sur le grand monde, mais que nous avons une action complète et totale et la suprématie sur ce que nous laissons entrer dans notre esprit et dans notre cœur.

La thérapie émotionnelle rationnelle : Un regard plus approfondi

Comme nous l'avons vu précédemment, la thérapie émotive rationnelle (RET) est l'une des premières applications pratiques du stoïcisme moderne, développée au milieu du XXe siècle par Alfred Ellis pour combattre la synergie et la relation de cause à effet entre les croyances intrinsèquement instables et les conflits émotionnels dommageables qui découlent des attentes exagérées et de l'échec.

Pour ceux qui ont une idée exagérée du monde et de ce qu'il devrait ou devrait offrir à l'individu, les échecs quotidiens qui constituent la plupart de nos vies sont un édifice colossal et terrifiant de pensées inefficaces. Nous nous perdons dans cette mer d'énergie gaspillée et la sensation d'être perdu entrave notre capacité à donner un sens au monde et à ses agents. Cette situation est préjudiciable à notre bonheur, à notre réussite et à notre bien-être émotionnel. Ellis prêche qu'en rationalisant ces attentes, nous pouvons faire face plus efficacement à ce qui échappe à notre contrôle.

. . .

Grâce au RET, nous devenons nos propres thérapeutes. Nous devenons l'écrivain de notre propre avenir et nous apprenons à utiliser les pouvoirs de notre esprit et de notre volonté pour surmonter ce qui semblait auparavant impossible (Vernon, 1998).

Les secrets du RET résident dans le fait qu'il donne au praticien un sentiment de pouvoir sur ses émotions et lui apprend à prévenir les situations émotionnelles qui donnent lieu à la dépression. Le principe de base du plan de traitement est d'inculquer aux individus la notion que les émotions ne sont rien d'autre que des fonctions de la pensée, et qu'en changeant la pensée, on change la réponse émotionnelle. Dans toute la mesure du possible, cette technique peut être utilisée pour tirer le meilleur parti de n'importe quelle situation et peut apporter une lueur de positivité dans les circonstances les plus graves.

Plus important encore, accepter ses pensées comme catalyseur de l'émotion permet à l'individu de se voir sous son meilleur jour. En analysant rationnellement nos émotions, nous nous engageons dans l'acceptation de soi et récoltons les avantages du sage qui ne s'inquiète pas des pressions exercées par les forces extérieures. Ces pratiques placent la balle fermement dans notre propre camp, pour ainsi dire, et donnent à l'étudiant les outils avec lesquels il peut construire une division claire entre "performance et valeur" (Vernon 1998).

. . .

Dans notre société, nous ne le faisons pas, et nous considérons souvent l'échec comme une atteinte à notre caractère ou un signe de faiblesse d'esprit qui représente un défaut inhérent à notre cognition et à nos systèmes de croyance. Mais cela n'est pas nécessaire et est symptomatique de la manière dont nos valeurs sociétales sont structurées autour de vieux idéaux d'individualisme et de réussite. Il s'agit d'un paradigme qui a été le point central de la culture américaine et occidentale pendant la plus grande partie de l'histoire et qui, au fil des ans, a contribué à l'émergence d'une société dans laquelle quelques privilégiés peuvent acquérir un grand pouvoir et une grande richesse aux dépens des masses malheureuses.

Nous savons, grâce aux entreprises philosophiques stoïciennes, qu'il s'agit de pièges sans signification qui étaient tout aussi incongrus avec une vie heureuse et vertueuse à l'époque de Zénon qu'ils le sont à la nôtre. La RET renvoie à l'école de pensée originelle en ce qu'elle considère notre performance dans une tâche donnée comme une mesure de notre validité en tant qu'êtres humains. Elle s'enorgueillit du fait que nous sommes faits pour échouer et pour surmonter l'échec si nous pratiquons une résilience attentive et un mépris étudié pour ce qui n'est pas inhérent à notre sens de l'être.

Au sein de l'école de pensée RET, il existe une dichotomie des croyances humaines, la ligne de démarcation séparant les croyances qui sont rationnelles de celles qui ne le sont pas. Pour Ellis, le cœur de la faillibilité émotionnelle de l'homme réside dans ce qu'il appelle les "shoulds, musts, and wants" (Vernon, 1998). Celles-ci entrent dans la catégorie des croyances irrationnelles et constituent une structure déterministre qui empêche les gens de dépasser leurs échecs pour atteindre un état de calme méditatif. En nous soumettant à ces croyances irrationnelles, nous limitons notre capacité à inspecter notre propre personne.

Nous ne parvenons pas à respecter la maxime grecque de la connaissance de soi parce que nous abordons cet effort d'un point de vue biaisé : il est évident que nous ne pouvons pas nous connaître lorsque nous passons notre temps à nous accrocher à des forces extérieures analysées par un mode de pensée présomptif, à nous accrocher à la négativité qui engendre la dépression et l'inactivité parce que cette même négativité est une façade si vaste que nous ne pouvons pas voir autour d'elle. Nous ne pouvons pas aller au cœur des choses lorsque nous ne réalisons même pas que les limites auxquelles nous sommes confrontés existent en dehors de nous-mêmes.

Essentiellement, la RET est la tentative du stoïcisme moderne de faire passer l'idée que nous avons le contrôle. Elle tente de délimiter les limites de ce contrôle et de déplacer notre attention vers les domaines dans lesquels une réflexion étudiée peut servir un objectif pratique et positif.

En contestant les croyances irrationnelles, Ellis et les stoïciens modernes pensent que les humains ont le pouvoir de contrôler leurs propres émotions en *pensant différemment*. C'est le point de vue central qui est resté solidement au centre de la pensée stoïcienne à travers les âges et qui a informé certains des penseurs les plus éclairés du monde. La beauté de cette philosophie est qu'elle met cette pensée élevée à la portée des gens.

. . .

Tout comme Zénon prêchait sur les marches d'Athènes plutôt que dans les écoles aristotéliciennes d'intimité réservées aux privilégiés, la RET d'Ellis est un outil que nous pouvons tous utiliser pour nous améliorer, pour prendre le contrôle de nos émotions et pour enfin nous désengager de notre préoccupation pour la négativité.

LE STOÏCISME EN PRATIQUE

*C*omment pouvons-nous utiliser les leçons des stoïciens modernes ? Comment la RET et la logothérapie et leurs descendants peuvent-ils nous rappeler qui nous sommes, et servir de bastion de calme dans la mer de désespoir en constante évolution que le monde peut sembler, parfois, être ? Ces questions sont restées au cœur du discours philosophique entourant le stoïcisme et constituent véritablement l'axe principal de cette école de pensée qui remonte à l'antiquité.

AFIN DE mettre ces philosophies en pratique, je voudrais proposer deux cours d'action différents que nous pouvons suivre. Ces cours représentent la manière dont (1) nous pouvons changer nos vies pour le mieux par des exercices de pensée, et (2) la manière dont nous pouvons changer nos vies en mettant la philosophie en pratique physique par l'action dans le monde réel. Comme le proclamaient les anciens stoïciens, la philosophie devrait être un art dans la pratique plus qu'un discours sur le sophisme (Baltzly, 2018).

. . .

Dans ce chapitre, nous allons examiner la vie philosophique à la recherche d'un quelconque indice sur la direction à prendre. Tout indice sur la direction que devrait prendre notre auto-apprentissage. Nous nous efforcerons de mettre en œuvre des principes et des activités qui favorisent la positivité, la productivité et, plus important encore, l'acceptation de qui nous sommes en tant qu'individus, car, en fin de compte, c'est ce dont il s'agit dans la recherche philosophique depuis que Socrate a commencé ses dialogues, des siècles avant Zénon.

En pratiquant la philosophie, notre but est de nous améliorer, et cela ne peut être accompli tant que nous ne reconnaissons pas les problèmes auxquels nous sommes confrontés et leurs causes. Nous devons faire face au vide d'un monde dénué de sens et apprendre de son indifférence que si nous n'avons pas d'importance pour lui, il ne devrait pas en avoir pour nous. Une grande partie des conflits du siècle dernier sont dus à notre incapacité à voir cela.

Tant d'angoisse est causée par le fait de tenter l'impossible sans reconnaître pleinement le fait qu'une entreprise ou une autre pourrait être juste cela : impossible. L'échec face à l'impossible n'est réservé qu'à ceux qui ont appris à accepter ce qu'ils ne peuvent pas changer. Pour tous les autres, l'incapacité constante à se tailler une place sûre dans le monde conduit à renforcer les sentiments de doute dans nos propres capacités innées. Nous sommes ici pour prouver qu'il ne doit pas nécessairement en être ainsi. L'humanité n'a pas besoin de se complaire dans ses propres incapacités alors qu'elle est capable de tant de choses.

. . .

Comment utiliser une philosophie vieille de 2 500 ans dans le monde moderne

De toute évidence, le monde a beaucoup changé depuis que Zénon a arpenté les rues d'Athènes, depuis que Marc-Aurèle s'est assis avec sagesse sur le trône d'un grand empire. Tant d'évolutions sont considérées comme banales de nos jours, que les anciens stoïciens n'auraient pas été capables de concevoir dans leurs imaginations les plus vives et hallucinogènes. L'apathie de l'ère industrielle, où l'homme a été littéralement foulé dans la boue par les progrès de la technologie des machines, et s'est tenu comme de minuscules figurines dans l'ombre de ses propres créations, la misère des guerres mondiales et les génocides qui ont balayé la planète, tout cela est emblématique de la souffrance imposée à un humain par un autre, et tout cela peut être compris comme le produit d'un désir irrationnel et irréfléchi contre lequel s'élevaient les anciens stoïciens.

De nombreuses facettes de l'ancien stoïcisme ne s'appliquent plus à l'ère scientifique dans laquelle nous vivons, comme leurs vues sur la physique et le monde naturel. Nous n'avons plus besoin de renforcer nos croyances par l'objectivation des divinités, et nous n'avons plus besoin de considérer les aspects originaux de la vertu stoïcienne comme le facteur primordial pour déterminer une bonne vie. Ce dont nous avons besoin, et ce que le stoïcisme offre toujours à ses adeptes, c'est d'un état d'esprit relativement calme qui est renforcé par une vision stoïcienne.

Le stoïque idéal, tel qu'il a été défini par Zénon de Citium et par d'autres, reste un modèle de comportement qui transcende les frontières sociétales et culturelles et peut être bénéfique à pratiquement tous les humains vivant sur cette planète. En effet, nous sommes tous confrontés à des conflits.

Nous sommes tous en quête de sens, et nous sommes tous frustrés ou troublés par ce que nous ne pouvons pas affronter ou comprendre à juste titre. Ces sentiments de peur ou de confusion sont aussi vieux que l'humanité elle-même, mais en adoptant l'état d'esprit stoïcien, ils peuvent être atténués si nous cultivons un sentiment de compréhension de nous-mêmes par rapport au monde dans son ensemble. C'est ce que prêchait Zénon, à savoir que nous devons nous comprendre nous-mêmes avant de chercher à changer quoi que ce soit à notre sujet ou au sujet du monde dans lequel nous vivons. Une pensée qui a fait écho à travers les âges, nous voyons la lutte contre l'évidence dans les *Méditations* de Marc Aurèle tout aussi sûrement que nous la voyons dans les crises d'identité religieuse de Justus Lipsius.

Mais les épreuves des autres peuvent nous être bénéfiques. En découvrant la manière dont de nombreux stoïciens, modernes et anciens, ont géré l'adversité, nous disposons d'une solide série d'exemples qui ratifient les principes originels de la pensée stoïcienne : un sage éclairé ne s'inquiète que de ce qu'il peut contrôler. Il ne sert à rien de s'enliser dans l'iniquité de l'échec lorsque l'on sait que certaines tâches sont vouées à l'échec pur et simple. Se souvenir de cela constitue un outil précieux dans l'armement du stoïcien pour aller au-delà des détails de la vie quotidienne, et nous donne une perspective dotée d'une plus grande portée par rapport aux problèmes auxquels nous sommes confrontés.

. . .

La NEUROPLASTICITÉ et nos cerveaux en mutation

L'un des principaux paradoxes du stoïcisme réside dans le fait qu'il considère que le monde extérieur est essentiellement déterministe et immuable. Depuis que Zénon a plaidé en faveur d'une conception providentielle du cosmos, le stoïcisme a constamment tenté de défendre l'idée que le monde ne peut être changé. Cette idée est juxtaposée à celle selon laquelle, contrairement au monde en général, notre cerveau n'est pas de nature déterministe et, malgré ce que l'on a pu nous inculquer à un jeune âge, nous possédons toujours la capacité de changer. En psychologie moderne, la capacité de notre cerveau à changer et à se développer au fur et à mesure que nous accumulons de nouvelles expériences est appelée "neuroplasticité" (Summerhays, 2010).

L'APPLICATION DES concepts de la neuroplasticité à l'esprit stoïcien révèle des congruences entre les deux domaines d'étude. Des recherches révolutionnaires dans le domaine de la neuroplasticité ont permis à l'étude de l'esprit humain d'échapper aux vues déterministes des freudiens, selon lesquels, une fois endommagé, le mieux qu'un adulte humain puisse espérer est de ramasser les morceaux et de les recoller du mieux qu'il peut. En tant que stoïciens, nous pensons que la notion d'un cerveau immuable est bien plus terrifiante que celle d'un monde immuable, et l'avènement de la neuroplasticité chez l'adulte a donné du crédit aux enseignements des anciens philosophes grecs en prouvant, biologiquement, que nous avons un pouvoir sur nos propres pensées et que nous pouvons modifier ces schémas si nous ne les trouvons pas à notre goût.

. . .

CETTE IDÉE A ÉTÉ ÉTAYÉE par des recherches scientifiques relatives aux interactions entre les différents lobes de nos cortex frontaux, et pointe du doigt les pratiques religieuses comme l'une des activités susceptibles d'augmenter la dominance du cortex frontal gauche d'une personne, le plus souvent associé à la production de sentiments de bonheur (Summerhays, 2010).

MÊME LES philosophes de L'ANTIQUITÉ, sans l'aide de la médecine moderne, étaient capables de comprendre que l'esprit humain est divisé et qu'il est, en un sens, constamment en guerre contre lui-même pour déterminer ses émotions, ses actions et ses pensées. Mais avec l'avènement de la technologie de cartographie cérébrale, c'est devenu un fait documenté, et la conversation croisée des activités des cerveaux gauche et droit est considérée comme responsable, ou du moins comme un facteur déterminant de notre capacité à maintenir le bonheur.

SI LES STOÏCIENS ONT RAISON et que nous avons le contrôle de nos pensées et, par extension, de nos émotions, ces résultats sont un grand soulagement. Elles impliquent la validité de certaines de nos croyances les plus anciennes et les plus ancrées, et elles servent à redonner confiance à ceux qui éprouvent des difficultés à réorganiser leurs schémas de pensée dans un sens plus positif. En outre, elles réfutent les affirmations sur l'origine génétique des troubles liés au stress et, à moins que ces notions ne soient totalement réfutées, elles fournissent à l'érudit et au sage un moyen de combattre les facteurs de stress que beaucoup considèrent comme échappant au contrôle individuel.

. . .

La NEUROPLASTICITÉ A ÉGALEMENT DES implications pour l'emploi à long terme des valeurs stoïciennes appliquées à la vie quotidienne. En soutenant que la répétition modifie la chimie du cerveau, ce domaine d'étude implique par extension que la répétition, au fil du temps, rend le maintien du bonheur et de la force d'âme face à l'adversité un chemin exponentiellement plus accessible pour ceux qui luttent avec de tels problèmes.

La RECHERCHE SUR LE STRESS et les souvenirs traumatiques chez les personnes souffrant de TSPT a déjà donné des résultats positifs dans la recherche de la preuve de l'existence et de la possibilité de "changements fonctionnels dus au traitement par exposition" (Kolassa et Elbert, 2007). Cela a de vastes implications pour la mise en œuvre de la pensée stoïcienne. S'il est cliniquement prouvé que l'exposition à certains stimuli entraîne des changements fonctionnels dans le matériel cérébral - si elle recâble littéralement les neurones et les récepteurs pour qu'ils se comportent différemment - alors le stoïcisme émerge à nouveau dans l'histoire comme une école de pensée viable et efficace pour traiter les maux de la société tels que la dépression et l'anxiété.

LA NEUROPLASTICITÉ N'EST QU'une des avancées dans la compréhension psychologique de l'esprit humain, qui a contribué à créer des arguments solides en faveur de l'importance du stoïcisme. En cartographiant le cerveau et en approfondissant notre compréhension de son fonctionnement, nous n'avançons pas nécessairement sur un terrain nouveau ou ne faisons pas de nouvelles découvertes, mais nous renforçons plutôt notre croyance dans ce qui existe dans l'histoire de la philosophie depuis deux mille cinq cents ans.

L'esprit est malléable, et nous disposons désormais de la technologie pour le prouver.

Les AFFIRMATIONS et le pouvoir de la positivité

En termes simples, les affirmations sont une tentative de faire entrer de force des pensées positives dans notre cerveau. Elles fonctionnent par la répétition et par les mêmes mécanismes que ceux qui alimentent les idées de neuroplasticité. Il s'agit d'une méthode traditionnelle permettant de renforcer certains comportements tout en en discréditant d'autres, et elle a fait l'objet de nombreuses parodies dans le milieu culturel américain au cours du siècle dernier. Pensez à Bart Simpson écrivant sur le tableau noir pendant le thème d'ouverture de la comédie animée à succès *Les Simpsons*. Cet exemple peut sembler comique, mais il montre à quel point nous pouvons changer nos attitudes - ou tenter de le faire - par la répétition de pensées positives. C'est une pratique à laquelle se livrent les orateurs, les étudiants, les enfants et les patients atteints de cancer dans le but d'endiguer l'effet dévastateur de la paranoïa, du doute et de l'anxiété (Wood, et al, 2009). Les déclarations positives renforcent l'estime de soi, donnent du pouvoir à l'orateur et lui inspirent confiance. En adoptant cette idée, le penseur stoïcien dispose d'un autre outil précieux pour s'améliorer.

UN principe PSYCHOLOGIQUE MAJEUR est à l'œuvre dans la détermination de l'efficacité de l'auto-affirmation positive. Selon le principe du renforcement, les humains, en tant qu'animaux sociaux, apprennent les uns des autres et sont conditionnés pour répéter des actions qui ont engendré des réponses positives dans le passé. Cette technique est utilisée dans les écoles primaires de tout le pays, mais elle reste efficace lorsqu'elle est utilisée dans les communautés d'adultes également.

Selon la théorie du renforcement, les chiens proverbiaux de Pavlov salivent au son d'une cloche parce que la notion a été renforcée dans leur esprit que le goût de la viande fraîche suivra ce son. De même, les enfants à l'école sont soumis au renforcement, et l'utilisation de cette technique dans les écoles a fourni la preuve que "l'utilisation de la suggestion implique la programmation d'une attente positive" (Downing, 1986). Des études ont établi un lien entre les affirmations et les changements de comportement positifs chez les enfants, et compte tenu de ce que nous savons de la neuroplasticité, rien n'empêche qu'elles fonctionnent également sur les adultes (Downing, 1986).

La beauté des affirmations en tant qu'outil d'amélioration de soi et de réalignement des impressions négatives réside dans sa simplicité. Elle ne requiert rien d'autre que la volonté de s'engager dans une démarche d'auto-assistance et est accessible à pratiquement tout le monde, au-delà des différences culturelles et des limites d'âge. Grâce à la répétition, à la neuroplasticité et à l'utilisation d'affirmations positives, nous avons une longueur d'avance sur notre question d'amélioration et de perfectionnement, et les éléments constitutifs d'une telle tâche sont littéralement câblés en nous et en l'être social.

Cela aussi devrait être un soulagement pour les stoïciens. Les études relatives à l'efficacité des affirmations positives ont donné des résultats variés, mais la notion de leur efficacité est ancrée dans la pensée stoïcienne. Depuis des lustres, les stoïciens ont martelé dans la conscience collective l'idée que nous pouvons changer nos propres perceptions et attitudes en pensant différemment. Si certains scientifiques ont trouvé des preuves affirmant le contraire, cela ne devrait pas nous déranger plus que la jambe cassée d'Épictète ne l'a dérangé. Malgré l'adversité, il a relevé le défi et a laissé une marque indélébile dans l'histoire de la cognition et de la pensée humaines, en dépit des normes culturelles affirmant qu'il était né dans la servitude. De la même manière, en tant que stoïciens, nous pouvons choisir d'ignorer les critiques défavorables de l'affirmation comme technique psychologique d'amélioration.

CETTE IDÉE EST ÉGALEMENT LIÉE à ce que nous avons appelé une "prophétie auto-réalisatrice". En termes simples, ces "prophéties" ne sont rien d'autre qu'un système de pensée qui se renforce par la répétition. En véritable stoïcien, nous pouvons reconnaître la prophétie auto-réalisatrice comme indifférente, ni bonne ni mauvaise, car penser sur ce mode ne nécessite pas un état d'esprit de bonheur ou de découragement. Les prophéties autoréalisatrices représentent simplement une méthode de pensée courante chez les humains et soulignent l'efficacité de la neuroplasticité et de la répétition dans la détermination des attitudes et des perspectives.

UN SCHÉMA DE PENSÉE peut être considéré comme une prophétie auto-réalisatrice lorsqu'il est à la fois récurrent et auto-renforcé. Penser que "je vais échouer" n'est pas la même chose que de penser "je vais échouer *parce que j'échoue toujours*". La première est simplement une pensée négative, mais lorsqu'elle est modifiée comme dans la seconde affirmation, elle devient une prophétie auto-réalisatrice. En effet, en déclarant "J'échouerai parce que j'échoue toujours", le locuteur affirme que l'échec est prédéterminé et provient de sa nature même d'échec. Il devient presque impossible de réussir une tâche avec une telle attitude, et les échecs répétés empilés les uns sur les autres créent une pente glissante dont il est difficile de sortir. Après tout, il est difficile d'ignorer la logique d'une telle affirmation lorsqu'elle est confrontée à la vaste preuve empirique de nombreux échecs, les uns après les autres.

Mais pour briser ce moule, nous n'avons pas besoin de combattre les prophéties auto-réalisatrices, nous devons simplement les réorienter afin que leurs significations inhérentes soient plus en accord avec la pensée positive et la confiance en soi. Les affirmations ne sont rien d'autre que des prophéties auto-réalisatrices de cette manière. En théorie, tout comme la personne qui prétend à l'échec parce que cela a toujours été le cas échouera probablement, la personne qui prétend le contraire a plus de chances de réussir. Étant donné la nature exponentielle de ce type d'auto-affirmation, les avantages ou les conséquences négatives s'accumuleront.

Pour cette raison, les affirmations représentent une ligne dangereuse, mais en franchissant cette ligne et en prouvant notre force d'âme à nous-mêmes, nous sortons de l'autre côté avec un outil formidable utilisé pour lutter contre l'inefficacité, la paresse, les mauvaises performances et de nombreux autres facteurs de vie mal conçus qui contribuent à la dissolution de notre bien-être.

Les affirmations nous rappellent consciemment la personne que nous voulons être en même temps qu'elles modifient la personne que nous sommes d'une manière beaucoup moins tangible. En gardant à l'esprit nos objectifs et notre estime de soi grâce à l'art de l'affirmation, nous commençons à améliorer nos attitudes simplement en déclarant qu'une amélioration d'attitude est le cas. C'est en raison de cette double nature de l'utilité des affirmations qu'elles doivent figurer parmi les véritables activités d'entraînement de l'esprit que le stoïcien doit employer pour mener la vie d'un sage.

LE STOÏCISME EN ACTION

Jusqu'à présent, nous avons analysé les principes philosophiques du mouvement stoïcien, retracé son histoire à travers l'Antiquité, au siècle des Lumières et jusqu'à nos jours, en prêtant attention à son évolution en tant que philosophie pratique qui cherche à s'échapper de la salle de classe et à se libérer dans le monde de la vie quotidienne, et inspecté certaines des sciences qui révèlent la neurologie de l'esprit stoïcien. Dans ce dernier chapitre, nous aborderons les pratiques quotidiennes qui peuvent conduire à des améliorations réelles et mesurables dans la vie, la gestion des tâches et la confiance en soi. Il s'agit de pratiques simples, mais cela n'enlève rien aux grands pouvoirs d'amélioration qu'elles confèrent au sage étudié.

À PARTIR DE LA FACILITÉ DE L'affirmation ou de la simple tenue d'un calendrier, nous commençons à voir l'émergence d'une nouvelle identité au sein de personnes qui avaient auparavant du mal à tenir le coup sous la pression de la vie moderne. Les blocs de construction s'assemblent et, après un court laps de temps, le jeune stoïcien est capable de gérer le stress, de faire face au vide sans signification et d'y trouver un sens, ainsi que de répondre à des attentes de réussite valables et raisonnables, non seulement pour lui-même mais aussi pour ses pairs. La pleine conscience stoïcienne est une technique de psychologie calquée sur celle de la thérapie cognitivo-comportementale citée plus haut, dans le simple but d'aider les personnes souffrantes à reprendre le contrôle de leur vie.

Les EXERCICES DE RENFORCEMENT DE LA CONFIANCE, LA planification précise et l'auto-évaluation sont essentiels pour réussir à réorganiser son esprit, et ici, nous allons entrer dans les détails de ce qui sera nécessaire.

L'ORDONNANCEMENT : **Un mal nécessaire**

Personne n'aime vivre selon un calendrier. Si on nous laissait faire, nous serions libres de poursuivre les projets qui nous semblent bénéfiques à notre propre rythme. Mais malheureusement, nous vivons dans une société communautaire fondée sur les relations interpersonnelles. Notre cerveau est câblé pour ce type de comportement social et il peut être difficile d'avoir l'impression de vivre pleinement sa vie sans participer à la société qui nous entoure. Cela comporte des avantages et des inconvénients, et la nécessité de maintenir des horaires est sans doute l'un de ces inconvénients. Cependant, le fait de considérer sa nécessité permet d'acquérir des compétences en matière de gestion du temps qui nous permettent d'être mieux préparés lorsque l'adversité frappe. Le respect d'un calendrier vous permet de mieux contrôler votre journée, votre semaine, votre mois, et d'atteindre vos objectifs en temps voulu.

. . .

De cette façon, le fait de tenir un calendrier peut en fait servir à renforcer la confiance en soi. Tout le monde aime rayer des choses de sa liste de choses à faire, et la manifestation physique de la réussite, incarnée par cette action singulière, donne un air de réussite et contribue au sentiment d'avoir accompli des *choses*. Alors pourquoi ne pas transformer votre emploi du temps en une longue liste de choses à faire ? Cela vous permettra non seulement de rester sur la bonne voie, mais aussi d'améliorer votre humeur en voyant diminuer la pile des réalisations à entreprendre.

Puisque le temps fait partie intégrante de la perception du monde par l'homme, il est tout aussi inéluctable que les catastrophes naturelles qui sévissaient dans la Grèce antique. Si tel est le cas, le stoïcien n'a pas à s'inquiéter de son écoulement car il n'y a rien à faire sur son passage. Nous ne sommes que des passagers et nous disposons d'un temps imparti pour mener une vie bien remplie. Cela étant, il semble insensé de perdre du temps, et le stoïcien dirait que, même si vous ne pouvez pas modifier son passage, vous avez le contrôle sur la façon dont il est dépensé. Rien n'est pire qu'une journée gâchée, et rien ne peut être plus préjudiciable à l'état mental d'une personne que le sentiment d'avoir laissé passer des occasions ou des chances.

La gestion du temps vous aide dans tout cela, et en gardant vos activités bien planifiées, vous augmentez vos chances d'atteindre le bonheur car vous réduisez le temps que vous passez à vous tourmenter sur la trotteuse qui égrène les minutes jusqu'à votre date limite, votre discours ou votre discours publicitaire.

. . .

La PLANIFICATION vous PERMET D'ÊTRE proactif et empêche le stress de s'accumuler. Si la philosophie stoïcienne est une philosophie de l'action plutôt qu'une philosophie de l'argumentation, il ne peut y avoir de meilleur hommage à nos anciens prédécesseurs que de s'assurer que vous restez actif et participatif dans votre propre quête d'amélioration.

INTROSPECTION DES VALEURS

Les valeurs et ce à quoi nous tenons forment une composante majeure de la philosophie stoïcienne. Épictète nous informe que même si nous sommes nés avec la notion préconçue que ce qui est bon est digne d'une " poursuite inconditionnelle " (Graver 2017). Il écrit également que l'erreur de l'humanité réside dans le fait que cette notion du bien est appliquée dans la mauvaise direction. Pour le stoïcien, il s'agit d'un problème de systèmes de valeurs, et de l'alignement de ceux-ci sur des facteurs externes promettant la fausse illusion du bonheur.

ÊTRE un vrai sage stoïcien, c'est n'accorder de la valeur qu'à ce qui est sous le contrôle de sa propre volonté. Attacher une valeur significative à quelque chose d'extérieur à soi conduit à une désillusion inévitable lorsque cet objet ou ce principe valorisé est altéré par le monde ou s'avère être une influence malsaine.

Pour cette RAISON, le stoïcien doit pratiquer l'introspection des valeurs en méditant constamment sur ses valeurs et en s'assurant qu'il vit en accord avec les valeurs qui lui sont inhérentes. Pour modeler nos pensées dans le cadre des revendications philosophiques d'Épictète, nous devrions reconnaître que les phénomènes externes qui ont des pouvoirs déterministes sur notre état d'être peuvent être indifférents selon la philosophie stoïcienne classique, car pris en eux-mêmes, ces phénomènes externes ne garantissent ni n'empêchent un véritable état de bonheur vertueux. Mais nous devons également reconnaître que la façon dont nous traitons ces phénomènes extérieurs - comme les appelle Épictète lui-même - n'est pas indifférente. Cette gestion du monde extérieur est bonne ou mauvaise, selon qu'elle s'inscrit ou non dans la poursuite du bonheur.

En termes d'introspection des valeurs, il est important de considérer les effets de ce que nous poursuivons sur notre état d'esprit. Il est certain que certains objectifs sont innés en tant que créatures biologiques. Les désirs de nourriture, de sexe et de logement sont naturels et, dans le monde moderne, peu d'arguments peuvent être avancés contre leur poursuite, mais dans quelle mesure cette notion se traduit-elle dans d'autres domaines de la vie ? Plus le monde devient complexe, plus nous sommes bombardés de nouvelles listes de choses à poursuivre - qu'il s'agisse de poursuites intellectuelles, spirituelles ou matérielles - et c'est à nous de prendre du recul par rapport au flux et au reflux de la vie quotidienne pour évaluer si ce que nous poursuivons est ou non intrinsèquement bon pour notre bien-être.

Cela peut sembler proche de l'ordre du bon sens, et à certains égards, c'est le cas. Cela ne signifie pas que l'introspection des valeurs et les ajustements nécessaires ne doivent pas être profondément considérés par le sage stoïcien. Après tout, dans notre dernière section, nous avons évoqué les dangers du temps perdu. A quel point ce danger est-il multiplié lorsque nous perdons du temps dans la poursuite de ce qui, en fin de compte, nuit à notre bien-être ? De telles prises de conscience peuvent être dévastatrices, en particulier lorsqu'elles arrivent trop tard pour provoquer un quelconque changement, alors que les dégâts de la poursuite ont déjà été causés.

En examinant régulièrement ce que nous considérons comme important pour nous, nous pouvons commencer à éliminer les activités et les schémas de pensée qui ne conviennent plus à notre bien-être. Nous pouvons nous adapter à des environnements changeants, car le monde qui nous entoure ne cesse de se transformer et de se modifier. Plus important encore, en contrôlant nos systèmes de valeurs, nous pouvons prendre le temps de penser à nous-mêmes, d'apprendre à nous connaître et de découvrir nos propres attributs et les aspects uniques de notre cadre mental qui font de nous des individus.

Comme mentionné précédemment, les stoïciens accordaient une grande importance aux systèmes de valeurs auxquels les gens adhèrent. Ces systèmes de croyance contribuent à façonner notre identité personnelle et notre bonheur et notre épanouissement dans la vie découlent du maintien d'un système de valeurs qui est raisonnablement en phase avec la société dans son ensemble afin de ne pas entraver l'interaction humaine, mais qui est également unique à notre propre personnalité et à notre mentalité. À cet égard, l'introspection et la méditation fréquentes contribuent à nous assurer une vie épanouie, prospère et riche en nous obligeant à nous regarder en face de manière évaluative et sans jugement. C'est essentiel pour une vie bien vécue, car sans introspection, nous serions perdus dans notre esprit, sans aucun moyen de savoir si nous nous sommes égarés ou non du chemin du sage jusqu'à ce qu'il soit trop tard.

Réévaluer nos réactions

Nos réactions à des stimuli donnés ont une incidence directe sur notre personnalité, notre agencement et notre capacité à faire face au stress. Il s'agit d'un principe clé de la philosophie stoïcienne et la pratique quotidienne dans ce domaine aidera le sage à atteindre un bonheur durable et significatif. Mais comment s'y prendre pour y parvenir ? À quels critères devons-nous nous conformer ?

En gardant trace de nos réactions émotionnelles, nous parvenons à mieux comprendre notre personnalité. Nous apprenons ce qui nous met en colère, ce sur quoi nous devons travailler, et aussi comment nous avons amélioré notre capacité à maintenir un calme stoïque face à l'adversité. Ces données sont cruciales pour les personnes qui cherchent à s'améliorer face à un monde indifférent. Nous avons besoin de ces informations pour évaluer notre véritable état d'esprit et pour déterminer les domaines de la cognition mentale que nous cherchons à améliorer. L'évaluation est une facette majeure de nombreuses philosophies et est préconisée dans la pratique par les principales religions du monde. Cela peut s'expliquer par le fait que l'évaluation est le seul outil dont nous disposons pour analyser notre propre vie. C'est la marque de fabrique de l'individu éclairé.

. . .

Afin d'évaluer vos réactions émotionnelles à l'adversité, notez ce qui vous énerve, ce qui vous met en colère, lorsque vous vous sentez déprimé ou anxieux. Essayez de comprendre ce qui provoque ces sentiments en réfléchissant, dans le cadre stoïcien, à ce qui est changeant et immuable, à ce sur quoi nous avons prise et à ce qui échappe à notre contrôle. Il ne suffit pas de s'asseoir en colère dans la circulation en se disant l'évidence : je suis en colère parce que je suis dans la circulation.

Cela n'effleure même pas la surface des raisons pour lesquelles vous êtes en colère, et entretenir de telles pensées vous prive de la possibilité de déterminer votre propre vie. Vous êtes en colère parce que vous êtes dans la circulation. Cette notion est d'une telle simplicité qu'elle vous réduit - un être humain rationnel, qui pense et respire - à un objet inanimé sur lequel le monde peut agir.

Il est plus constructif de réfléchir à ce qui provoque réellement la colère de l'*intérieur*, et de s'attaquer à ce problème avant de secouer les poings ou de taper sur le volant avec rage. Quelle que soit la cause - vous êtes en colère dans les embouteillages parce que vous n'avez pas eu le temps de vous préparer - vous devez vous assurer de ne pas imputer vos émotions internes à des facteurs externes, car les stoïciens considèrent que c'est un mensonge.

Les émotions se trouvent uniquement dans votre cœur et votre esprit, dans votre esprit humain. Dans cet amendement à la raison, vous intériorisez la cause de vos émotions, la sortant ainsi du domaine des choses sur lesquelles vous n'avez aucun contrôle, et la plaçant fermement dans vos capacités à les surmonter. Si vous êtes en colère parce que vous êtes en retard et que vous êtes assis dans les embouteillages, cette seule prise de conscience suffit à vous donner un bon départ. Vous pouvez tempérer cette émotion de colère en vous assurant de ne pas vous mettre en situation d'échec.

La PENSÉE ÉVALUATIVE en ce qui concerne les émotions humaines fait un travail considérable pour nous aider à comprendre la relation de cause à effet entre le stimulus et la réaction. C'est également un excellent moyen pour le sage d'apprendre à se connaître, en fournissant un excellent forum interne pour délibérer sur les traits et les attributs qui définissent la personnalité et l'identité du sage. Grâce à cette pratique, nous avons l'occasion d'établir des liens entre les circonstances qui créent l'adversité et la manière dont nous gérons non seulement la situation mais aussi l'adversité elle-même. Il existe une manière différente de gérer la confrontation pour chaque personne vivant sur Terre, et en comprenant la manière dont *vous* gérez ces conflits, vous ouvrez une porte sur votre propre esprit qui serait autrement resté fermé à la pensée philosophique mondiale.

PRINCIPES STOÏCIENS

LE GRAND HÉRITAGE

Les idées mises en avant par le stoïcisme sont pratiques, saines et libératrices. Le stoïcisme moderne peut anesthésier les souffrances inutiles tout en vous aidant à progresser vers une vie prospère.

Histoires Les principes stoïques ont été affinés maintes et maintes fois. Un processus d'élimination s'est déroulé sur des milliers d'années, avant même que nous ayons un nom pour le stoïcisme, et nous pouvons profiter des disciplines mises en pratique et enregistrées pour notre propre bénéfice.

Nous pouvons choisir de vivre comme un Marc-Aurèle ou un Sénèque par choix.

. . .

Vous devrez pratiquer, vous entraîner et incarner les principes qui vous sont présentés.

Quelle que soit la situation dans laquelle vous vous trouvez, vous pouvez choisir d'être le type de personne que vous voulez être.

Processus naturel

Mère Nature, dans toute sa beauté majestueuse, va infliger la maladie, la mort et la destruction à tout ce que vous avez aimé, ouvrant ainsi la voie à la génération suivante pour qu'elle prenne part à ce processus que nous appelons la vie.

L'acceptation de votre propre mort et de la mort de tous ceux que vous avez vus vous aide à vous préparer aux jours terribles de votre avenir.

Cela vous donne la chance d'être fort quand les autres sont faibles, de réconforter les autres, de préparer des arrangements, de remonter le moral et d'être la personne que votre famille et vos amis ont besoin que vous soyez. Surtout dans les moments de grande difficulté, de perte et de lutte.

L'acceptation des processus de vie peut vous libérer des peurs excessives et d'une vie trop conservatrice. Cette acceptation peut vous aider lorsqu'il est nécessaire de prendre des risques calculés pour avancer dans votre vie.

. . .

Vous devez accepter les processus naturels comme votre réalité.

Les sables du temps ne s'arrêtent jamais pour aucun d'entre nous.

Ne marchez pas sur la pointe des pieds vers votre tombe, prenez des risques calculés et préparez votre avenir.

Gratitude et désir

Choisissez vos pensées avec sagesse et contrôlez-les avant qu'elles ne commencent à vous contrôler.

Heureusement, votre esprit ne peut contenir qu'un certain nombre de pensées à la fois, ce qui vous donne un pouvoir énorme sur la façon dont vous utilisez votre esprit.

Si vous désactivez les pensées automatiques et choisissez intentionnellement ce à quoi vous pensez, vous pouvez vivre une expérience bien meilleure que de laisser votre cerveau se mettre en mode automatique. La pensée automatique sans contrainte peut conduire à des pensées négatives excessives si vous ne reprenez pas le contrôle. Il est nécessaire de devenir la personne au volant et de diriger la prochaine pensée et de l'arrêter dans son élan avant qu'elle ne devienne excessive et éventuellement délirante.

. . .

Vous pouvez choisir de penser à tout ce que vous avez dans votre vie et aux choses pour lesquelles vous êtes reconnaissant ou vous pouvez vous concentrer sur ce que vous n'avez pas. La deuxième option conduira à la douleur du manque, la douleur de penser que les choses ne devraient pas être ainsi.

Il est irrationnel de se concentrer sur ce que vous n'avez pas jusqu'à ce que cela vous rende malheureux et détruise votre santé mentale.

Pensez à toutes les choses pour lesquelles vous êtes reconnaissant et vous vous sentirez mieux dans la vie.

Si vous vous concentrez sans cesse sur ce que vous n'avez pas, cela peut vous conduire dans des endroits très sombres.

Votre imagination, votre mémoire et votre perspective peuvent être vos amis ou vos ennemis, vous séparant des cadeaux de la vie ou vous faisant marcher vers un meilleur.

Les bouddhistes disent "Libérez-vous des besoins et des envies". Cela me fait me sentir mieux chaque fois que je le dis, mais ce n'est pas la bonne chose à faire à long terme.

L'humanité se serait réduite en poussière si nous avions tous adopté cette philosophie.

. . .

L'ATTENTE de la concrétisation de vos désirs est ce qui peut vraiment faire mal. S'attendre à ce que tous nos efforts soient récompensés à l'avenir, même si ce n'est pas une perspective très réaliste, est un sommet d'illusion.

UNE vision PLUS STOÏCIENNE SERAIT D'avoir des espoirs sans attente, d'endurer et d'agir sans s'attendre à ce que le résultat final ressemble exactement à l'image que l'on a dans la tête.

LES RÉSULTATS de votre vie seront probablement meilleurs ou pires que ce à quoi vous vous attendiez et ce n'est pas grave, tant que vous avez fait de votre mieux et que vous avez donné tout ce que vous aviez. Tournez votre esprit vers la gratitude et sentez-vous mieux ou la douleur du manque détruira la félicité que vous pouvez ressentir à propos des bénédictions que vous avez déjà.

RAISON

LE STOÏCIEN EST comme un scientifique qui regarde le monde en posant des questions, en essayant des choses, en réussissant et en échouant.

NE PAS JUGER LES résultats de ces essais, les documenter et les noter mentalement.

Les FAITS de la vie sont livrés par l'expérimentation de masse.

. . .

La QUALITÉ d'une expérience peut être jugée par le pourcentage de variables par expérience.

Les MEILLEURES EXPÉRIENCES seraient réalisées en grand nombre et porteraient sur 100% des variables.

MÊME DANS CE CAS, IL Y A toujours une possibilité d'erreur, mais c'est ce que nous avons de mieux.

IL Y A beaucoup d'études et de sondages imparfaits, mais il faut s'y attendre. Ce n'est pas parce que quelque chose n'est pas absolument parfait que nous devons le considérer comme sans valeur.

LES ÉTUDES SOCIALES SONT GÉNÉRALEMENT les plus difficiles à prouver car elles peuvent comporter des milliers de variables non prises en compte. Le mensonge n'est qu'une des variables qui peuvent perturber les études sociales et j'imagine que c'est un facteur important de la mauvaise qualité des informations.

NOUS NE DEVRIONS JAMAIS NOUS LAISSER INFLUENCER par un seul événement, c'est ce que l'on appelle communément une preuve anecdotique et cela ne devrait faire partie que d'une phase de découverte et de remise en question de la véritable nature de la réalité.

IL SE PEUT QUE VOUS DEVIEZ agir sur quelque chose alors que vous n'avez qu'une connaissance partielle, ce qui n'est pas grave si vous ne trouvez pas d'autres informations. Sachez simplement que vous ne pouvez pas voir le chemin devant vous aussi clairement que vous le pensez.

Pour être une personne raisonnable, vous devez rechercher la connaissance par tous les moyens possibles, afin de trouver le chemin le plus clair vers votre objectif et d'éviter les pertes de temps et autres pièges qui vous attendent.

Remettez en question tout ce que vous apprenez et n'en venez pas à avoir des conclusions parfaitement formulées. C'est ce qu'on appelle le biais de conclusion, qui vous empêche de recevoir des informations nouvelles et peut-être importantes.

Pour être une personne raisonnable, vous devez évaluer les informations sans parti pris et sans émotion, sans que vos vieilles histoires ne vous empêchent de voir comment les choses sont et pas seulement comment vous voudriez qu'elles soient.

Nos sentiments ne doivent pas changer la façon dont nous interprétons nos résultats.

Les préjugés cognitifs de type "j'aime" et "je n'aime pas" sont probablement les forces les plus puissantes qui peuvent nous faire rejeter les faits et les chiffres qui nous sont présentés.

. . .

Être des personnes raisonnables signifie que nous reconnaissons les vérités qui dérangent, que nous rejetons la pensée de groupe et que nous ne nous contentons pas de la parole de n'importe qui, que ce soit celle d'une autorité, d'un expert, d'un roturier, d'un universitaire ou d'un membre de notre famille. Nous examinons les faits nous-mêmes et nous laissons les faits nous informer.

Essayez de surmonter vos préjugés cognitifs et de considérer les opinions des autres comme de simples opinions. Vous devez penser par vous-même.

Soyez constamment à la recherche de meilleures informations, réévaluez et refaites le plan de match pour tout objectif que vous avez. Continuez à expérimenter avec votre vie jusqu'à ce que vous trouviez une méthode qui vous convient.

Auto-restriction

Pourquoi est-il bon pour vous de fixer des limites ?

Nous fixons des limites pour nos enfants, abandonnons la plupart des adolescents et créons rarement de nouvelles limites pour nous-mêmes. La plupart des adultes se fixent rarement de nouvelles limites pour eux-mêmes.

. . .

Les seules limites adultes que nous voyons avec régularité sont liées à l'alimentation et à l'alcool, ce qui est très bien, car vous devez protéger votre corps.

Pourquoi ne pas fixer des limites à votre esprit et à vos émotions ? Les émotions et les schémas de pensée destructeurs doivent être maîtrisés. Des émotions comme la jalousie et la colère peuvent détruire votre vie si elles ne sont pas contrôlées.

Même les émotions positives comme la luxure peuvent avoir des effets négatifs. Sans contrôle de soi, vous pouvez perdre votre famille dans un moment de passion.

C'est pourquoi vous devez vous entraîner à arrêter vos excès émotionnels.

Parfois les choses sont difficiles, c'est comme si vous n'aviez pas d'émotions, les émotions vous ont. Vous devenez un esclave de la chaude ruée des produits chimiques qui se précipitent dans vos veines, vous n'êtes plus rationnel, vous êtes comme un junkie hors de votre esprit sur les hauts naturels de la chimie de votre corps.

De nombreuses personnes deviennent dépendantes d'émotions extrêmes, elles recherchent le drame là où il n'existe pas, elles créent leur prochaine dose par tous les moyens, elles sont des ivrognes sans bouteille.

. . .

Vous ne devez pas devenir une victime de vos émotions, vous pouvez vous ralentir et devenir l'observateur de ces réactions chimiques.

Ressentez les émotions et observez comment elles commencent à obscurcir votre pensée, gardez le contrôle pour ne pas devenir l'automate des émotions, une sous-personnalité à peine reconnaissable qui détruira sa propre vie afin d'exprimer le sommet de l'état émotionnel.

Prenez le contrôle de vos excès mentaux et physiques avant qu'ils ne diminuent la qualité de votre vie.

Mettle

Certaines personnes pensent que le stoïcisme n'est qu'une question de cran et de détermination. Il y a une part de vérité dans cette affirmation, mais pas pour les raisons que tout le monde suppose.

L'observateur extérieur des stoïciens pourrait penser qu'il s'agit d'un effort conscient pour faire preuve de cran et de détermination afin d'accomplir les choses.

Je crois que le courage et la détermination ne font pas partie de l'équation, c'est juste une apparence, le courage et la détermination sont juste un produit d'achat d'une philosophie rationnelle de la vie.

. . .

La difficulté de la poursuite de tout ce que vous voulez devrait devenir sans importance une fois que vous avez pris la décision de le faire. Les facteurs externes qui causent des douleurs physiques et psychologiques devraient déjà être pris en compte dans votre plan, tout obstacle faisant désormais partie du processus.

Vous avez décidé du prix que vous êtes prêt à payer pour obtenir les choses que vous voulez, le temps, la sueur, la déception, l'inconfort et toutes sortes de sacrifices pourraient devoir être endurés pour arriver à votre destination. Si vous êtes prêt à payer avec tout ce que vous avez, à l'exception de l'invalidité et de la mort, vous aurez de très bonnes chances d'arriver là où vous voulez aller.

Vous pourriez perdre des années ou des décennies dans cette quête, vous pourriez perdre des amis et des membres de votre famille qui ne vous soutiennent pas, vous pourriez devoir laisser tomber d'autres souhaits que vous aviez pour votre vie, mais quelle est l'alternative ? Vous passerez les années de toute façon, les mauvais amis finiront par perdre contact avec vous et vous ne pouvez pas tout avoir.

J'espère que vous comprenez maintenant qu'il est irrationnel de ne pas aller vers ce que vous voulez. Il se peut que vous deviez lutter toute votre vie pour y parvenir, ce qui, pour la plupart des gens, ressemble à du cran. La vérité est que ce qui ressemble à du cran est simplement le contraire de la défaite, vous n'avez pas abandonné et renoncé à vivre.

. . .

La TÉNACITÉ, LE cran, la détermination sont les efforts nécessaires pour atteindre une bonne cause.

Le DISCOURS prononcé par CHURCHILL pour convaincre le Parlement de la nécessité d'entrer en guerre contre les nazis reprend les points mentionnés précédemment.

"NOUS AVONS DEVANT NOUS une épreuve des plus pénibles.

Nous avons devant nous de longs mois de lutte et de souffrance.

Vous demandez, quelle est notre politique?

Je peux le dire : C'est de faire la guerre, par mer, terre et air, avec toutes nos forces et toute la force que Dieu peut nous donner ;

Faire la guerre à une tyrannie monstrueuse, jamais surpassée dans le sombre catalogue lamentable des crimes humains.

C'est notre politique.

Vous demandez : quel est notre but ? Je peux répondre en un mot : c'est la victoire, la victoire à tout prix, la victoire en dépit de toutes les terreurs, la victoire quelle que soit la longueur et la difficulté de la route ;

. . .

Car sans victoire, il n'y a pas de survie.

Que cela se réalise ;

Pas de survie pour l'Empire britannique, pas de survie pour tout ce que l'Empire britannique représentait, pas de survie de la pulsion et de l'impulsion des âges, que l'humanité avance vers son but.

Mais je m'attelle à ma tâche avec vivacité et espoir.

J'ai la certitude que notre cause ne souffrira pas d'échec parmi les hommes.

En ce moment, je me sens en droit de réclamer l'aide de tous, et je dis : venez donc, avançons ensemble avec notre force unie. "

Vivez votre philosophie

Soyez le changement ou ne le dites pas, le stoïcisme n'est pas un exercice intellectuel, il n'est pas censé être un mode de pensée tape-à-l'œil ou un moyen d'impressionner les autres avec des idées prétentieuses.

. . .

Il n'est pas destiné au philosophe de salon qui réfléchit et récite, il est destiné aux situations de la vie réelle. Parfois, il semble froid et calculé, mais c'est parce que la nature ne se soucie pas de votre zen, vous ne pouvez pas méditer pour échapper à la famine. La vie est parfois dure et il vous faudra être fort dans les moments difficiles.

Le stoïcisme est une manière d'être, destinée à une application pratique dans le monde réel, une personne essayant de contrôler son esprit, ancrée dans la réalité, travaillant vers des choses qui doivent être faites, dans la poursuite de la protection, du maintien et de l'amélioration de ses circonstances.

L'ego et les histoires que vous entretenez à votre sujet peuvent déformer votre réalité et vous détacher du monde réel.

Laissez tomber le manège de votre esprit, revenez au présent, soyez la personne que vous voulez être, quelqu'un que vous admirez.

Devenez comme le fermier qui plante des graines pour l'avenir, et non comme la personne perdue dans la fantaisie et les histoires.

Vous ne pouvez pas labourer un champ dans votre esprit, vous ne pouvez pas apprendre à nager en lisant un livre et vous ne pouvez pas vivre une grande vie en étant quelqu'un que vous ne respectez pas.

. . .

Appliquez une vision réaliste du monde, agissez plus stoïquement face à la vie et devenez la personne que vous savez être censée être, incarnez les parties vertueuses et courageuses de vous-même et portez-les avec vous.

Soyez admirable pour vous-même.

Prudence

Penser à l'avance, planifier et se préparer à un avenir qui s'annonce, même si nous sommes certains du résultat, c'est cela la prudence.

Certains disent qu'un idiot avec un plan peut battre un génie sans plan. Je doute que cela soit vrai dans la plupart des cas, mais il est évident de voir que quelqu'un avec un plan a plus de chances de gagner que quelqu'un sans plan.

Une personne prudente pourrait simplement être appelée un planificateur, ce que tout le monde doit être dans une certaine mesure.

Avoir une longueur d'avance dans n'importe quel processus est un avantage considérable, non seulement dans des situations de compétition comme les échecs et la guerre, mais aussi dans des situations quotidiennes comme la cuisine et la conduite vers votre destination. Un cuisinier qui prépare tous les ingrédients et règle les minuteries avant de commencer à cuisiner aura un travail facile, tout comme le conducteur qui a un GPS, une carte et une image mentale de sa destination.

La préparation facilite la vie, la victoire et même l'échec.

La mise en place de systèmes de prévention des défaillances dans tout processus vous permet de continuer à avancer même lorsque les choses vont mal. C'est la roue de secours, le kit de crevaison, l'assistance d'urgence et le vélo sur le toit qui vous évitent de rester en rade, et ce principe devrait être utilisé dans la majorité des entreprises de la vie.

Être prudent vous évite de perdre du temps, de vous inquiéter et de vous stresser en éteignant constamment des incendies dans votre vie quotidienne.

Si vous pensez à l'avance, votre esprit a de la place pour d'autres pensées nécessaires sur le moment. Il est beaucoup plus difficile de rattraper son retard que de commencer près de la ligne d'arrivée, alors pensez à l'avenir.

Réalisme

Fantaisie contre réalité, une guerre invisible pour votre esprit.

. . .

L'ART ESSAIE d'imiter la vie et la vie essaie d'imiter l'art, les deux font un mauvais travail.

SHAKESPEARE A DIT "Nous sommes tous des acteurs et le monde est notre scène".

PIRE ENCORE QUE cette vérité partielle, c'est la façon dont nos propres personnalités sont déformées par les médias populaires et d'autres influences.

QUELLE HONTE DE DÉCOUVRIR QUE VOS modèles n'existent pas dans le monde réel, et que les acteurs qui les incarnent n'ont aucune des vertus de leurs personnages.

Les personnages de fiction ONT-ILS influencé votre personnalité, votre voix, votre démarche, votre cadence et votre façon de réagir à la vie?

La FAÇON DONT vous agissez ne doit pas être influencée par les films, les médias, les articles et les médias sociaux, car elle ne correspond pas à la réalité.

MÊME L'histoire ENREGISTRÉE a été manipulée, nous ne connaissons que les choses que nos ancêtres voulaient nous faire connaître. Malheureusement, l'histoire est écrite par les vainqueurs, et l'histoire des perdants est généralement effacée des archives. La vérité des histoires est plus compliquée, plus désordonnée et bien moins glamour que nous ne voudrions l'imaginer.

. . .

La vie de nos ancêtres n'a vraiment rien à voir avec nous, alors ne vous identifiez pas aux morts, vous n'avez rien à voir avec eux. Même la vie de vos parents est la leur et, bien qu'elle ait eu un impact sur vous, elle ne doit pas vous définir de quelque façon que ce soit. Les étiquettes que nous nous attribuons n'aident pas vraiment, elles ne font que vous mettre dans une boîte qui n'existe pas. S'étiqueter, c'est comme se stéréotyper dans un personnage que l'on joue, au lieu de se laisser aller à être unique.

Certaines personnes reproduisent les stéréotypes qu'elles ont vus dans les films et la musique au point de perdre leur individualité.

Même la souffrance des autres est dramatisée pour que vous ayez l'impression d'être celui qui vit une vie formidable, où que vous soyez, et que vous devriez vous sentir mal pour les personnes qui vivent des situations plus difficiles. La vérité, c'est que certaines des personnes les plus heureuses vivent dans des situations terribles. C'est formidable si vous pouvez aider ces personnes, mais ne pensez pas qu'elles sont différentes de vous, nous sommes tous confrontés à des catastrophes. Un homme riche qui reçoit un diagnostic de cancer est-il mieux loti qu'un enfant vivant dans la forêt amazonienne ? Nous devons aider les personnes qui ne peuvent pas s'aider elles-mêmes, mais nous ne devons pas nous sentir différents d'elles, nous faisons tous partie du même processus qui consiste à naître, à essayer de vivre du mieux possible, puis à mourir. Tout le monde souffre et la souffrance particulière que vous éprouvez n'est pas propre à vous ou au groupe de personnes auquel vous pensez appartenir, c'est la vie.

Le fantasme de la personne souffrant d'un trouble particulier n'est qu'un fantasme, tout le monde perd ses amis et sa famille au cours de sa vie, perd son apparence, sa santé et finalement sa vie. C'est ainsi que vont les choses, une réalité malheureuse dont vous n'avez pas à vous sentir coupable, c'est juste la façon dont vont les choses.

Même les meilleures parties de nous-mêmes peuvent être déformées, même vos objectifs et vos rêves peuvent être influencés dans une direction qui ne vous intéresse même pas vraiment. Voulez-vous vraiment vivre la vie que vous vendent les magazines à sensation, les films, la musique, les vidéos en ligne et autres influenceurs?

Ces résultats superficiels que les publicitaires vous vendent vont-ils vraiment vous rendre heureux ? Vous épanouiront-ils ? Ou trouverez-vous une autre montagne à gravir où vous n'apprécierez pas le voyage jusqu'au sommet ? Cela n'a aucun sens de ne trouver aucune satisfaction au quotidien en gravissant une montagne vers le fantasme de quelqu'un d'autre. Vos rêves et vos objectifs doivent être aussi uniques que vous l'êtes, et le chemin que vous empruntez pour les réaliser doit également être satisfaisant ou agréable. N'escaladez pas la montagne de quelqu'un d'autre sur la base d'un fantasme télévisuel de réussite, vous devez vivre votre propre chemin pour réussir, pas celui de quelqu'un d'autre.

. . .

Un AUTRE FANTASME DONT IL FAUT se méfier est l'illusion de la pensée de groupe, croire qu'un groupe a toutes les réponses à tout moment n'est que du tribalisme, c'est choisir une équipe et espérer en sortir vainqueur. Quelles sont les chances que les idées d'un libre penseur s'alignent complètement avec les vues d'un groupe ? Une sur un million peut-être, et pourtant beaucoup choisissent de suivre les idées d'un groupe, de suivre les leaders au rythme de leur tambour. Même lorsque les idées du groupe changent, ils restent avec leur équipe en suivant le développement personnel de leurs leaders et non leur propre esprit. Si vous ne pensez pas par vous-même, vous ne serez jamais libre et vous ne vivrez pas seulement avec vos propres illusions mais aussi avec celles de la tribu.

ESSAYEZ DE vous débarrasser des fantasmes liés à l'identité, aux stéréotypes, aux étiquettes, aux groupes, à la culture, à la race, aux récits des médias, aux préjugés d'Hollywood et à toute autre histoire sur le monde, laissez autant que possible votre passé négatif derrière vous, arrêtez de fantasmer sur la lutte, la plupart des guerres que nous menons sont dans nos têtes et ne se réaliseront jamais.

LAISSEZ partir toute la fantaisie, laissez-la se consumer et laissez tout le poids tomber de vos épaules, vous n'avez pas besoin de porter les récits du monde et de vous charger de votre histoire personnelle et de celle des autres, seuls le présent et le futur existeront jamais. Faites de votre mieux pour rester dans la réalité ou votre vie vous échappera.

PRIÈRE DE LA SÉRÉNITÉ

La prière écrite par Reinhold Neibuhr, un théologien chrétien, résume une grande partie de la philosophie stoïcienne.

DIEU M'ACCORDE la sérénité d'accepter les choses que je ne peux pas changer ; le courage de changer les choses que je peux ; et la sagesse de faire la différence.

VIVRE UN JOUR À LA FOIS ; profiter d'un moment à la fois ; accepter les difficultés comme le chemin de la paix ; prendre, comme il l'a fait, ce monde de péchés.

TELLE QU'ELLE EST, ET non telle que je la voudrais. J'ai confiance qu'il arrangera les choses si je me soumets à sa volonté, afin que je puisse être raisonnablement heureux dans cette vie.

. . .

Et suprêmement heureux avec lui pour toujours et à jamais dans l'autre.

Amen

POSTFACE

Le stoïcisme a une longue histoire, et la vie de ses partisans a eu une influence considérable sur l'élaboration de ses principes philosophiques.

Qu'il s'agisse des questions d'esclavage et de liberté ou du positionnement de l'homme dans un monde religieux, les questions abordées par le stoïcisme étaient au centre du monde dans lequel il s'est développé, et les principaux acteurs de sa diffusion parlaient des événements personnels de leur vie comme d'un moyen de donner un sens à la population générale.

En raison de l'accent mis sur les questions personnelles, c'est une philosophie à laquelle l'humanité est revenue à maintes reprises, trouvant un nouveau sens aux enseignements originaux à mesure que la société changeait et évoluait. Elle a constitué une innovation révolutionnaire dans le monde antique en ce qu'elle appelait à l'action dans la philosophie, plutôt que d'exister sous l'ancienne forme de discussions passives sur des maximes et des principes philosophiques et des lois obtuses qui ne fournissaient aucun contexte social pour l'amélioration du peuple, et invitait les gens à chercher des réponses en eux-mêmes plutôt que vers les cieux, la mer ou toute autre manifestation de l'inconnu.

Au lieu de diriger son énergie vers des facettes aussi inconnues de la vie sur cette planète, le stoïcisme a cherché à faire la lumière sur les profondeurs inconnues et inexplorées de l'âme humaine, et grâce à cette orientation, il a réussi à conquérir le cœur d'innombrables personnes. Il est devenu un mode de pensée accessible, et la Stoa peinte dont il est issu a connu un rajeunissement au fil des âges, divers philosophes continuant à travailler dans le cadre de Zénon.

Suivant les traces de Zénon de Citium, ces philosophes ultérieurs ont modifié et ajouté à cette doctrine originale de la philosophie, prouvant que le discours existe en tant que modèle adaptable de la cognition mentale qui a été étudié pendant plus de deux millénaires. Tout comme les premiers stoïciens ont modelé leur philosophie sur l'époque dans laquelle ils vivaient, cherchant à fournir à leur culture des principes actifs pour l'illumination humaine, les philosophes de la Rome antique, du Moyen Âge européen et du XXe siècle américain qui ont travaillé dans ce domaine d'étude ont également élaboré les principes de la philosophie d'une manière qui convenait à leurs normes culturelles et aux sociétés dont ils cherchaient à tirer profit.

Avec le renouveau le plus récent de la pensée stoïcienne, nous constatons une fois de plus que cette philosophie s'est avérée être un mode de pensée et de vie en constante évolution qui peut être adapté à l'époque et à la culture de ses praticiens. Les progrès des études sociologiques et psychologiques informent la nouvelle marque de stoïcisme, et dans ses enseignements, les chercheurs modernes reçoivent les outils dont ils ont besoin pour prospérer dans ce monde, et non dans celui de la Grèce antique.

Une grande partie de la philosophie antique n'est pertinente que pour la société dont elle est issue, mais en raison de l'intemporalité de ses principes, le stoïcisme a réussi là où d'autres modes de philosophie de la même époque sont tombés en désuétude.

Pourquoi en est-il ainsi ? Qu'est-ce qui rend l'éthique de la vertu et une vision naturaliste du monde si convaincantes pour l'humanité à travers les âges ? Il existe de nombreuses réponses à cette question, mais j'aimerais avancer que les qualités attachantes du stoïcisme ont perduré si longtemps dans la pensée humaine en raison de la manière dont elles abordent non pas les problèmes sociétaux ou les questions mondiales, mais des questions plus humbles liées à la confiance en soi, à l'action et au libre arbitre. Ces questions ont fait l'objet de nombreuses réflexions philosophiques et de nombreux chercheurs ont contribué à notre compréhension générale de leur rôle dans le débat intellectuel humain, mais les interprétations stoïciennes de ces questions sont si intemporelles parce qu'elles représentent des attitudes universelles qui peuvent être appliquées dans des contextes interculturels.

La primauté de cette philosophie et de ses nombreuses incarnations à travers les âges réside dans la façon dont elle traite les émotions humaines. Tant d'autres discours nous empêchent de contrôler les forces émotionnelles qui nous habitent que le fait d'entendre un autre point de vue, de trouver du réconfort dans le fait que nous contrôlons ce que nous ressentons par rapport au monde qui nous entoure -

même si nous ne contrôlons pas ce monde - est un point de vue rafraîchissant. C'est peut-être ce contrôle de nos propres émotions qui a poussé Justus Lipsius à adopter l'état d'esprit stoïcien au milieu de son exégèse. Peut-être cela lui a-t-il permis de se tenir devant un monde qui était sur le point de se déchirer à cause d'arguments religieux sectaires et de revendiquer pour lui-même le droit de déterminer au moins le flux de ses propres pensées et sentiments.

La même attitude est adoptée par les psycho-philosophes modernes qui souhaitent réunir les deux disciplines en une seule école de pensée constructive. Avant l'avènement de la thérapie cognitivo-comportementale et de ses antécédents plus stoïciens, la psychologie était dominée par des théories qui supprimaient la capacité d'agir de l'être humain et ne faisaient que nous accabler du désespoir du passé, qui ne pouvait jamais être changé. Le désespoir engendré par des perspectives psychologiques qui privent les gens de la capacité de changer leur destin a suscité un intérêt pour une autre façon de penser et a conduit les pionniers modernes du nouveau stoïcisme, comme Albert Ellis, à remettre en question les paradigmes freudiens qui dominaient la psychologie au milieu du XXe siècle. En cherchant une approche plus humaniste des troubles psychologiques, nous sommes parvenus à la position proposée pour la première fois par Cléanthe, Chrysippe et Zénon : le domaine de votre contrôle ne s'étend que jusqu'à ce qui émane de votre propre esprit, et le reste ne vaut pas la peine de s'en inquiéter.

La pensée stoïcienne est imprégnée d'un sentiment de liberté. Bien que les détracteurs de cette philosophie aient critiqué l'idée qu'il puisse y avoir un réconfort dans la perte de contrôle, pour le stoïcien, la reconnaissance du fait que l'on ne peut pas contrôler le monde extérieur donne la liberté de se concentrer sur le monde intérieur. En tant que pratique thérapeutique, les incarnations modernes du stoïcisme ont perpétué les anciennes traditions de réflexion sur soi en implorant les individus de prendre en charge leurs propres émotions et de réguler leurs réactions aux stimuli extérieurs. C'est ainsi que les stoïciens ont décidé d'aborder les problèmes de l'indifférence de la société à la souffrance d'autrui, de la constance de la guerre et de la peste, des ravages des catastrophes naturelles. Ils soutiennent qu'en s'inquiétant de telles circonstances, le penseur non éclairé et non manipulé ne fait rien pour atténuer le problème et ne fait que se plonger dans une frénésie d'émotions mal informées qui servent à empêcher toute forme de pensée supérieure.

Il peut être extrêmement difficile de suivre les enseignements de Zénon, et les historiens rapportent qu'il était un peu un homme amer, sans famille ni enfants. Mais Zénon de Citium savait parfaitement ce dont il devait s'inquiéter et ce dont il ne devait pas s'inquiéter et, malgré les apparences de malheur, il possédait les qualités du sage érudit, luttant contre l'incertitude émotionnelle dans une période historique qui se trouvait sur un précipice, gravitant alternativement vers la paix ou la désolation pure et simple.

Bien qu'il puisse être difficile de respecter ces enseignements, la récompense pour l'honorable sage est le bonheur de savoir que vous contrôlez ce qui vient de l'intérieur. Le monde peut vous abattre, vous envoyer tourment sur tourment jusqu'à ce que vous ne puissiez penser à rien d'autre qu'à pleurer aux cieux dans l'angoisse, mais se souvenir des enseignements du stoïcisme, c'est oublier les querelles momentanées d'un monde qui n'en a cure.

Se souvenir des enseignements du stoïcisme, c'est reprendre le contrôle de son propre destin et résister à l'adversité du monde moderne, trouver du réconfort dans l'autoréflexion, et maîtriser le tumulte intérieur d'une âme troublée, quelle que soit la situation du monde extérieur.

C'est le cadeau que Zénon de Citium a laissé à l'humanité. Suivre son chemin, c'est honorer l'œuvre de la vie de l'un des plus grands penseurs du monde.

CONSULTEZ LE SITE

Pour laisser un avis honnête, veuillez utiliser le lien ci-dessous.

http://www.amazon.com/review/create-review?&asin=B081XCKX4M

Je ne peux exprimer à quel point nous apprécions les commentaires et les critiques. Ils nous aident vraiment à garder le livre en vie. Merci beaucoup de nous avoir lu.

- Andreas Athanas

BIBLIOGRAPHIE

Baltzly, D. (2019). Stoicism. L'encyclopédie de philosophie de Stanford

Blau, S. (1993). DARWINISME COGNITIF : La thérapie rationnelle-émotive et la théorie de la sélection des groupes neuronaux. ETC : A Review of General Semantics, 50(4), 403-441.

Bulka, R. (1975). LA LOGOTHÉRAPIE COMME RÉPONSE À L'HOLOCAUSTE. Tradition : A Journal of Orthodox Jewish Thought,15(1/2), 89-96.

Downing, C. (1986). Affirmations : Steps to counter negative, self-fulfilling prophecies. Elementary School Guidance & Counseling, 20(3), 174-179. Récupéré sur http://www.jstor.org/stable/42868729

Ellis, A. (1975). Rational-Emotive Therapy and the School Counselor. The School Counselor, 22(4), 236-242.

Erskine, A. (2000). Zénon et le début du stoïcisme. Classics Ireland, 7, 51-60.

Grant, F. (1915). St. Paul and Stoicism. Le monde biblique, 45(5), 268-281.

Graver, M. (2017). Epictetus. L'encyclopédie de la philosophie de Stanford.

Kamtekar, R. (2018) Marcus Aurelius : L'encyclopédie de la philosophie de Stanford

Kolassa, I., & Elbert, T. (2007). Structural and Functional Neuroplasticity in Relation to Traumatic Stress. Current Directions in Psychological Science, 16(6), 321-325.

Mark, J. (2015, 11 février). Zénon de Citium. Récupéré sur https://www.ancient.eu/Zeno_of_Citium/

Noyen, P. (1955). Marcus Aurelius : Le plus grand praticien du stoïcisme.

Papy, J. (2019), Justus Lipsius. L'encyclopédie de philosophie de Stanford

Summerhays, J. (2010). Pensées tordues et molécules élastiques : Développements récents en neuroplasticité. Brigham Young University Studies, 49(1), 160-166.

Ure, M. (2009). La trilogie du libre-esprit de Nietzsche et la thérapie stoïcienne. Journal of Nietzsche Studies, (38), 60-84.

Vernon, A. (1998). Promouvoir la prévention : Applications of Rational Emotive Behavior Therapy. Beyond Behavior, 9(2), 14-24.

Vogt, K. (2016). Seneca. L'encyclopédie de la philosophie de Stanford.

www.ingramcontent.com/pod-product-compliance
Lightning Source LLC
Chambersburg PA
CBHW071737080526
44588CB00013B/2071